Canada
in a Thousand Pictures

Le Canada
en mille images

Eugen & Gretl Kedl

Serge Lambert
(Design and text · *Concept et textes*)

Le Canada
in a Thousand Pictures
en mille images

Les Éditions GID

Production
Réalisation

    Les Éditions GID

Photographs
Photographies

    Eugen Kedl, Gretl Kedl

Project manager
Chargé de projet

    Serge Lambert

Design and text
Concept et textes

    Serge Lambert

Graphics
Graphisme

    Mickaël Willème

Linguistic revision
Révision linguistique

    Bernard Audet

Translation
Traduction

    Cabinet de traduction Dialangue inc.

Digitization and printing
Numérisation et impression

    Transcontinental Litho Acme Prescom, Québec

Photographs on cover page
Photographies de la page couverture

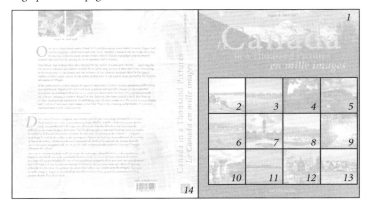

1	Revelstoke, British Columbia	*1*	*Revelstoke, Colombie-Britannique*
2	Iqaluit, capital of Nunavut	*2*	*Iqaluit, capitale du Nunavut*
3	Regina, Saskatchewan	*3*	*Regina, Saskatchewan*
4	Old Québec, Québec	*4*	*Vieux-Québec, Québec*
5	Harbour Breton, Newfoundland	*5*	*Harbour Breton, Terre-Neuve*
6	French River, Prince Edward Island	*6*	*French River, Île-du-Prince-Édouard*
7	Façade of the Parliament Buildings, Ottawa	*7*	*Façade du Parlement, Ottawa*
8	Dawson City, Yukon	*8*	*Dawson City, Yukon*
9	Lady Evelyn Falls, Northwest Territories	*9*	*Chutes Lady Evelyn, Territoires du Nord-Ouest*
10	Drumheller South, Alberta	*10*	*Drumheller South, Alberta*
11	Freight train, Manitoba	*11*	*Train de marchandises, Manitoba*
12	Toronto, Ontario	*12*	*Toronto, Ontario*
13	Lunenburg, Nova Scotia	*13*	*Lunenburg, Nouvelle-Écosse*
14	Moncton, New Brunswick	*14*	*Moncton, Nouveau-Brunswick*

Legal Deposit – National Library of Canada, 1999
Dépôt légal – Bibliothèque nationale du Canada, 1999

Legal Deposit – Bibliothèque nationale du Québec, 1999
Dépôt légal – Bibliothèque nationale du Québec, 1999

© Les Éditions GID et Eugen Kedl, 1999
7460, boulevard Wilfrid-Hamel
Sainte-Foy (Québec) G2G 1C1
  (418) 877-3110
  (418) 877-3741
  gid@qbc.clic.net

ISBN 2-9802952-6-4

To the children of Canada

À tous les enfants du Canada

Acknowledgments
Remerciements

We would like to thank all those who contributed to this book in any way:

Everyone photographed in it.

All of the Canadians who so warmly welcomed us during our numerous travels to each province and territory.

The Council for Canadian Unity.

The Honourable David Anderson and all Canadian government officials who supported us in bringing this project to fruition.

The shareholders of Éditions GID, for doing everything possible to get this book published.

The Chief Max One Onti Gros-Louis.

The Kedl Photographers team.

The Éditions GID team: Serge Lambert, Danielle Giroux, Mickaël Willème, Hélène Riverin, Caroline Roy, Alain Gauthier, Denis Gasse, Alain Foisy et Bernard Audet.

Johanne Dupont of Transcontinental Litho Acme Prescom, Québec.

 Leica Camera.

Nous désirons remercier ceux et celles qui ont collaboré à la réalisation de cet ouvrage :

Toutes les personnes qui apparaissent dans cet album.

Les Canadiens et les Canadiennes, de chaque province et de chaque territoire, qui nous ont accueillis chaleureusement au cours de nos nombreux voyages.

Le Conseil pour l'unité canadienne.

L'Honorable David Anderson et tous les autres membres officiels du gouvernement canadien qui nous ont appuyés dans la réalisation de ce projet.

Les actionnaires des Éditions GID qui ont tout mis en œuvre pour que ce volume puisse voir le jour.

Le Chef Max One Onti Gros-Louis.

L'équipe des Photographes Kedl.

L'équipe des Éditions GID : Serge Lambert, Danielle Giroux, Mickaël Willème, Hélène Riverin, Caroline Roy, Alain Gauthier, Denis Gasse, Alain Foisy et Bernard Audet.

Johanne Dupont de Transcontinental Litho Acme Prescom, Québec.

 Leica Camera.

Summary
Sommaire

Preface
Préface

I have felt a deep-rooted attachment to Canada ever since I was a young boy living in my native Austria. When I was twelve, I was lucky enough to take a geography course at the small school I attended, despite the reign of terror that followed the war. I fell in love with Canada immediately and knew that one day I would go there. As soon as I had finished my studies, I immigrated.

Definitely guided by desire, but no doubt also by destiny, I took up photography, as if I were seeking the perfect reason to explore and appreciate the country that was to become my home. At twenty-one years of age, nothing could come between me and my dream. I moved to Canada, this vast territory of contrasting landscapes, land of peace where basic human values are respected. It was the best decision I ever made!

Once in Canada, my dream became reality. I had no trouble adapting to my new life because I was in love with this country that had so much to teach me. What's more, my profession allowed me to discover the countryside and share its beauty through my photographs. Today, some forty-five years later, my fascination with this country has not waned. I have travelled across it many times over the years, yet I continue to learn about it and discover the wonders of its beauty.

I am obviously more familiar with Québec, since this is where I settled. I have made numerous trips to all parts of the province: Nouveau-Québec and the stillness of its landscape; Charlevoix, which reminds me of Austria; Québec City, which I consider to be one of the most beautiful cities in the world; and its various regions, where the seasons produce their own special colours and light.

My curiosity and my love of travelling have also led me to crisscross the rest of Canada over the past twenty years. During that time, I harboured the idea of doing a book that would pay tribute to my new homeland while allowing Canadians to discover or get to know their country better.

Thanks to my wife, Gretl, my constant travelmate who classified information and pictures as well as the best archivist ever could, this book came to be. Gretl and I have spent most of the past few years visiting all of Canada. After various trips to each province and territory, we put our knowledge to work to offer this testimony of our love for this marvellous country.

While we could never describe all of the special moments or magnificent sceneries experienced over the years, we hope that the pictures in this album will allow those who have not yet visited the places a chance to discover the incredible beauty of the tundra in the Far North, the Prairies, the majestic Rockies, the fishing villages in the Atlantic provinces, the snow-covered landscapes of Québec, and the luxuriant nature of Ontario.

Mon profond attachement pour le Canada remonte à ma jeunesse alors que je vivais dans mon Autriche natale. Âgé de douze ans, alors qu'un régime de terreur succédait aux horreurs de la guerre, j'ai quand même eu la chance de suivre un cours de géographie dans la petite école que je fréquentais. Dès lors, je ressentis un véritable coup de foudre pour le Canada. Aucun obstacle ne pouvait m'éloigner de ma décision. Une fois mes études terminées, j'immigrerais au Canada.

Par goût certes, mais aussi guidé par le destin sans doute, j'ai entrepris des études en photographie, comme si je voulais avoir le meilleur motif possible pour explorer et apprécier au maximum ce pays qui m'attendait. À l'âge de vingt et un ans, rien ne pouvait plus m'empêcher de réaliser mon rêve. Je me rendis donc au Canada, immense territoire aux paysages variés, lieu de paix où les valeurs humaines sont respectées. Ce sera la meilleure décision de ma vie!

Au Canada, la réalité égale le rêve. Rapidement, je m'adapte à mon nouveau milieu de vie. Rien n'est plus facile, car j'aime ce pays qui a tant à m'apprendre. De plus, ma profession me permet de découvrir d'abord les paysages et de les faire connaître ensuite à l'aide de mes photographies. Quelque quarante-cinq années plus tard, ce pays demeure pour moi une fascination. Je le parcours depuis tout ce temps et je continue de l'apprivoiser sans pour autant avoir découvert toutes ses beautés.

Bien sûr, le Québec m'est plus familier puisque j'y demeure depuis mon arrivée au pays. J'ai parcouru la province à maintes reprises : le Nouveau-Québec et ses espaces de silence, Charlevoix qui me rappelle l'Autriche, la ville de Québec que je considère comme l'une des plus belles villes au monde, mais aussi toutes ces régions où les saisons ont vraiment leurs couleurs et leur lumière particulière.

Ma curiosité et mon goût des voyages m'ont amené aussi à parcourir, depuis vingt ans, l'ensemble du Canada. Au cours de ces années, j'ai caressé l'idée de réaliser un livre sur le Canada afin, d'une part, de rendre hommage au pays qui m'a accueilli et, d'autre part, de donner aux gens la possibilité de découvrir ou de mieux connaître leur pays.

Grâce à mon épouse Gretl qui m'a continuellement accompagné dans mes voyages et qui a fait un travail de classement digne des meilleurs archivistes, cet album a pu être réalisé. Pendant les dernières années, nous avons consacré une grande partie de notre temps à voyager à travers tout le Canada. En parcourant toutes les provinces et les territoires à quelques reprises, nous avons usé de tout notre savoir-faire pour offrir aujourd'hui notre travail, témoignage de notre attachement pour ce merveilleux pays.

Il est difficile pour nous de décrire tous les moments particuliers vécus durant ces années et tous les magnifiques paysages observés. Mais nous espérons que les images saisies durant tout ce temps et publiées dans ce livre donneront l'occasion pour ceux et celles qui n'ont pas visité la toundra du Grand Nord, les plaines de l'Ouest, les splendides montagnes Rocheuses, les villages de pêcheurs des Maritimes, les décors enneigés du Québec ou la nature luxuriante de l'Ontario d'admirer toute la beauté qui nous entoure.

Every day, every hour, every minute of each trip reserved unexpected surprises: a tiny flower growing in the stillness of the Northwest Territories; the call of an American elk just a few feet away; endless fields of crops; contrasting atmospheres created by a storm followed by sunshine; skyscrapers looming on the horizon; impressive New Brunswick churches with their blackened stone recalling medieval castles; small white churches poised on the edge of a river or stream or hidden behind a mountain; and in northern Manitoba and Saskatchewan, abandoned old houses built by settlers in the early 20th century. The list is endless, but we know that the camera does a much better job of describing our feelings.

While this book was inspired by our shared passion, the assistance of the kind Canadians we encountered along the way made it that much easier to produce. From the Atlantic to the Pacific, their contribution testifies to the generosity, hospitality and tolerance that defines this great nation. Those encounters will remain forever etched in our minds. We are especially grateful to Serge Lambert, our friend and editor. In addition to designing this album and writing the text, he succeeded in meeting the intrinsic challenges of a project of this scope and, above all, understood how important this book was to us.

As the year 2000 approaches, we would like to express our thanks to Canada through this volume. In this beautiful land that took us in some fifty years ago, Gretl and I raised our family, which now includes a number of grandchildren. We know that they are all proud of their country.

Eugen Kedl

Lors de ces voyages, chaque jour, chaque heure et même chaque minute nous ont réservé d'extraordinaires surprises : une minuscule fleur qui pousse en toute quiétude dans les Territoires du Nord-Ouest, un wapiti surgissant et mugissant à quelques pieds de nous, des champs de culture à perte de vue, des atmosphères contrastantes amenées par l'orage, le soleil ou le hasard, des gratte-ciel se profilant à l'horizon, les impressionnantes églises du Nouveau-Brunswick, dont les pierres noircies par les tempêtes font penser à des forteresses médiévales, les petites églises blanches situées près d'un cours d'eau ou dissimulées derrière une montagne, les vieilles maisons construites par des pionniers du début du siècle et maintenant abandonnées au nord du Manitoba ou en Saskatchewan. Nous pourrions poursuivre les descriptions indéfiniment, mais nous savons qu'il nous est plus facile de transmettre nos sentiments à l'aide de notre caméra.

Bien que la réalisation de ce livre ait été animée par notre grande passion commune, elle a été facilitée par tous ces Canadiens et ces Canadiennes qui nous ont accueillis avec tellement de gentillesse. De l'Atlantique au Pacifique, ces rencontres ont traduit la générosité d'un peuple, son hospitalité et sa tolérance. Pour nous, elles demeureront un souvenir impérissable. Nous désirons enfin exprimer toute notre gratitude à notre ami et éditeur Serge Lambert. En plus de développer le concept de l'album et d'en écrire les textes, il a su relever les difficultés qu'un tel projet comporte et comprendre surtout toute l'importance que la parution d'un tel livre revêtait pour nous.

À l'aube de l'an 2000, nous voulons par ce livre exprimer toute notre reconnaissance au Canada. Dans ce beau pays qui nous a accueillis il y a près de cinquante ans, Gretl et moi avons élevé notre famille qui compte aujourd'hui des petits-enfants. Nous les savons tous fiers de leur pays.

Eugen Kedl

The Parliament
Le Parlement

2

3

1   Façade of the Parliament Buildings in Ottawa

2   Main entrance

3   Centennial Flame

1   *Façade du Parlement d'Ottawa*

2   *Portail de l'entrée principale*

3   *Flamme du centenaire*

4   House of Commons

5   Tulips on Parliament Hill

6   Parliament Hill in winter

7   Journalists' Hall

4   *Chambre des Communes*

5   *Tulipes sur la Colline du Parlement*

6   *La Colline du Parlement en hiver*

7   *Hall des journalistes*

6

7

- ❖ Scandinavians, probably Eric the Red's son, Leif Eriksson, occupy L'Anse-aux-Meadows, Newfoundland, for a short time around the year 1000.

- ❖ The English, French, Spanish, Portuguese and Basques fish off the coast of Newfoundland.

- ❖ John Cabot discovers Newfoundland on June 24, 1497.

- ❖ Jacques Cartier discovers Île Saint-Jean (Prince Edward Island), northern New Brunswick and the Gaspé peninsula, and takes possession of these lands for the King of France on July 24, 1534.

- ❖ During his second voyage, in 1535, Jacques Cartier names the river that took him to Hochelaga (Montréal) the St. Lawrence.

- ❖ In 1542, La Roque de Roberval heads the first attempt to colonize Canada.

- ❖ In 1576, English navigator Martin Frobisher discovers the bay that today bears his name.

- ❖ Sir Humphrey Gilbert officially claims Newfoundland for England in 1583.

PRE-1600 / AVANT 1600

- ❖ Des Scandinaves, probablement Leif Ériksson, fils d'Érik le Rouge, occupent pour une courte période L'Anse-aux-Meadows, à Terre-Neuve, vers l'an 1000.

- ❖ Anglais, Français, Espagnols, Portugais et Basques pêchent au large de Terre-Neuve.

- ❖ John Cabot découvre Terre-Neuve le 24 juin 1497.

- ❖ Jacques Cartier découvre l'île Saint-Jean (Île-du-Prince-Édouard), le nord du Nouveau-Brunswick et la péninsule de Gaspé où il prend possession du Canada au nom du roi de France, le 24 juillet 1534.

- ❖ Lors de son deuxième voyage, en 1535, Jacques Cartier donne le nom de Saint-Laurent au fleuve qui l'amène jusqu'à Hochelaga (Montréal).

- ❖ La Roque de Roberval est à la tête de la première tentative de colonisation au Canada, en 1542.

- ❖ Le navigateur anglais Martin Frobisher découvre, en 1576, la baie qui portera son nom.

- ❖ Sir Humphrey Gilbert prend officiellement possession de Terre-Neuve au nom de l'Angleterre en 1583.

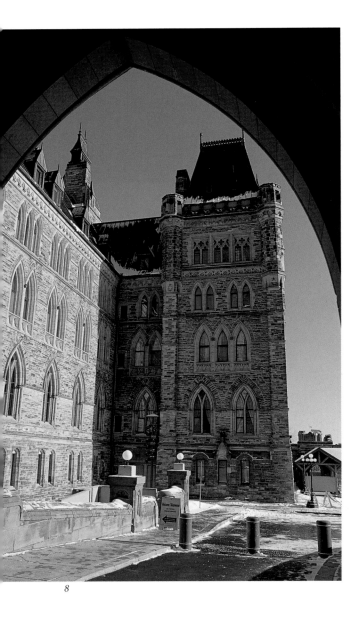

8

9

10

❖ Pierre Chauvin de Tonnetuit founds Tadoussac, a strategic fur-trading post, in 1600.

❖ In 1605, François Gravé, Sieur Dupont and Samuel de Champlain found Port-Royal, present-day Annapolis Royal, Nova Scotia.

❖ Marc Lescarbot's *Le Théâtre de Neptune*, is the first play performed in Canada, in Port-Royal, in 1606.

❖ Samuel de Champlain founds Québec City on July 3, 1608.

❖ Canada is named New France in 1609.

❖ In 1610, Henry Hudson explores the bay that today bears his name.

❖ John Guy heads the first real attempt to colonize Newfoundland, in 1610.

1600 - 1610

❖ *Pierre Chauvin de Tonnetuit fonde Tadoussac en 1600, poste stratégique pour la traite des fourrures.*

❖ *François Gravé sieur Dupont et Samuel de Champlain fondent Port-Royal en 1605, aujourd'hui Annapolis Royal en Nouvelle-Écosse.*

❖ *Le Théâtre de Neptune, pièce de Marc Lescarbot, est la première représentation théâtrale donnée au Canada, à Port-Royal, en 1606.*

❖ *Samuel de Champlain fonde la ville de Québec le 3 juillet 1608.*

❖ *Le nom de Nouvelle-France est donné au Canada en 1609.*

❖ *En 1610, Henry Hudson explore la baie qui portera son nom.*

❖ *John Guy est à la tête d'une première véritable tentative de colonisation à Terre-Neuve, en 1610.*

12

11   Entrance to the Parliament Buildings

12   Parliament Buildings and Peace Tower

11   *À l'entrée du Parlement*

12   *Le Parlement et la tour de la Paix*

Ottawa
Ottawa

1

❖ Samuel de Champlain travels into Huronia in 1615 and discovers Lake Huron.

❖ William Baffin discovers Baffin Bay, Nunavut, in 1616.

❖ In 1617, Louis Hébert, one of the first colonists of New France, and his wife, Marie Rollet, the first Frenchwoman to scratch Canadian soil, settle in Québec City.

❖ Sir William Alexander arrives in Acadia in 1621 and founds Nova Scotia.

❖ In 1629, the Kirke brothers lay siege to Québec City and take the colony.

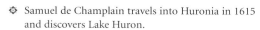

1611-1630

❖ *Samuel de Champlain se rend en Huronie en 1615 et découvre le lac Huron.*

❖ *William Baffin découvre la baie de Baffin au Nunavut en 1616.*

❖ *En 1617, Louis Hébert, l'un des premiers colons de la Nouvelle-France et sa femme Marie Rollet, la première Française à fouler le sol canadien, s'installent à Québec.*

❖ *Sir William Alexander arrive en Acadie en 1621 et fonde la Nouvelle-Écosse.*

❖ *En 1629, les frères Kirke mettent le siège devant Québec et prennent possession de la colonie.*

❖ In 1632, the Treaty of Saint-Germain restores New France and Acadia to France.

❖ Isaac de Razilly establishes a colony in the present-day village of Riverport, on Nova Scotia's southern shore, in 1632.

❖ Sieur de Laviolette founds Trois-Rivières, Canada's second-oldest city, in 1634.

❖ In 1634, explorer-interpreter Jean Nicollet becomes the first European to explore the American Northwest.

❖ North America's first regular college for boys, the Collège des Jésuites, is founded in Québec City in 1635.

❖ In 1638, Jesuit missionary Jean de Brébeuf names the game that the Amerindians play "la crosse", because the sticks remind him of a bishop's crozier or crosse.

❖ Jérôme Lalemant founds Ste Marie Among the Hurons near Georgian Bay in 1639.

❖ Teaching nuns (the Ursulines) and hospital nuns (the Augustines) arrive in Québec City in 1639.

1631-1640

❖ En 1632, le traité de Saint-Germain-en-Laye redonne la Nouvelle-France et l'Acadie à la France.

❖ Isaac de Razilly établit un groupe de colons au village actuel de Riverport, sur la côte sud de la Nouvelle-Écosse, en 1632.

❖ Le sieur de Laviolette fonde la ville de Trois-Rivières, deuxième plus vieille ville du Canada, en 1634.

❖ En 1634, l'explorateur et interprète Jean Nicollet devient le premier Européen à explorer la région du Nord-Ouest américain.

❖ Le premier collège régulier pour garçons en Amérique du Nord, le collège des Jésuites, est fondé en 1635 à Québec.

❖ En 1638, Jean de Brébeuf, missionnaire jésuite, donne au jeu que les Amérindiens pratiquent le nom de crosse, parce que le bâton utilisé lui rappelle la crosse d'un évêque.

❖ Jérôme Lalemant fonde Sainte-Marie-des-Hurons près de la baie Georgienne en 1639.

❖ Des religieuses enseignantes (les Ursulines) et des religieuses hospitalières (les Augustines) arrivent à Québec en 1639.

13

14

10   Sparks Street

11   Confederation Building

12   Parliament Hill

13   Street in Ottawa

14   Château Laurier

10   *Rue Sparks*

11   *Édifice de la Confédération*

12   *La Colline du Parlement*

13   *Rue à Ottawa*

14   *Château Laurier*

Elegance
Élégance

1   Near Shediac, New Brunswick

2   Mackenzie River Delta, Northwest Territories

3   Yukon River, Yukon

4   Mingan, North Shore, Québec

5   Columbia River, Revelstoke, British Columbia

1   *Près de Shediac, Nouveau-Brunswick*

2   *Delta Mackenzie, Territoires du Nord-Ouest*

3   *Rivière Yukon, Yukon*

4   *Mingan, Côte-Nord, Québec*

5   *Fleuve Columbia, Revelstoke, Colombie-Britannique*

6

7

8

- Paul de Chomedey de Maisonneuve founds Montréal (Ville-Marie) on May 17, 1642.

- In 1642, Jeanne Mance founds the Hôtel-Dieu hospital in Montréal.

- Wars with the Iroquois and disease brought by the Europeans decimate the Huron nation.

- Pierre-Esprit Radisson and Médard Chouart des Groseilliers reach Minnesota in 1657.

- In 1658, Marguerite Bourgeoys opens the first school in Montréal and founds the Congrégation de Notre-Dame.

1641~1660

- *Paul de Chomedey de Maisonneuve fonde Montréal (Ville-Marie) le 17 mai 1642.*

- *En 1642, Jeanne Mance fonde l'Hôtel-Dieu de Montréal.*

- *Les guerres contre les Iroquois et les maladies apportées par les Européens amènent la destruction de la Huronie.*

- *Pierre-Esprit Radisson et Médard Chouart des Groseilliers atteignent le Minnesota en 1657.*

- *En 1658, Marguerite Bourgeoys ouvre la première école à Montréal et fonde la Congrégation de Notre-Dame.*

12

13

14

15

16

17

12   Fredericton, New Brunswick

13   Kenora, Ontario

14   Kelowna, British Columbia

15   Laviolette bridge, Trois-Rivières, Québec

16   Trail at Cyprus Lake, Georgian Bay, Ontario

17   Street in Trinity, Newfoundland

12   *Fredericton, Nouveau-Brunswick*

13   *Kenora, Ontario*

14   *Kelowna, Colombie-Britannique*

15   *Pont Laviolette, Trois-Rivières, Québec*

16   *Sentier à Cyprus Lake, baie Georgienne, Ontario*

17   *Rue à Trinity, Terre-Neuve*

❖ Louis XIV proclaims New France a royal colony in 1663.

❖ The Séminaire de Québec is founded in 1663.

❖ In 1665, the Carignan-Salières Regiment arrives in New France to subdue the Iroquois.

❖ The *Filles du Roi* begin to arrive to help populate the colony.

❖ Intendant Jean Talon builds Canada's first commercial brewery in 1668.

❖ After its voyage to Hudson Bay, the *Nonsuch* returns to England laden with furs in 1669.

❖ The Hudson's Bay Co. is created in England on May 2, 1670.

1 6 6 1 - 1 6 7 0

❖ *Louis XIV fait de la Nouvelle-France une colonie royale en 1663.*

❖ *Le Séminaire de Québec est fondé en 1663.*

❖ *En 1665, le régiment de Carignan-Salières arrive en Nouvelle-France pour réprimer l'Iroquoisie.*

❖ *Les Filles du roi commencent à arriver et permettent le peuplement de la colonie.*

❖ *L'intendant Jean Talon construit la première brasserie commerciale au Canada en 1668.*

❖ *Par suite de son voyage à la baie d'Hudson, le Nonsuch est de retour en Angleterre avec une cargaison de fourrures en 1669.*

❖ *La Compagnie de la Baie d'Hudson est créée en Angleterre le 2 mai 1670.*

20

21

22

Vancouver
Vancouver

1

3

4	Robson Square	4	*Square Robson*
5	Vancouver street	5	*Rue à Vancouver*
6-7	Chinatown	6-7	*Chinatown*

6

- In 1671, explorer Daumont de Saint-Lusson claims the continent's interior up to the Pacific Ocean for the King of France.
- Quebecker Louis Jolliet and missionary Jacques Marquette explore the Mississippi in 1672 and 1673.
- François de Laval becomes Québec's first bishop in 1674.
- Canadian merchants found the Compagnie du Nord in 1682.
- In 1682, René-Robert Cavelier de La Salle travels down the Mississippi to its mouth and takes possession of these lands for the King of France.
- Nicolas Denys founds Bathurst (Nepisiguit) in 1688.
- Henry Kelsey is the first European to travel the Saskatchewan River west to Prince Albert.
- In 1690, Sir William Phips captures Port-Royal but fails to take Québec.

1671-1690

- *En 1671, l'explorateur Daumont de Saint-Lusson prend possession, au nom du roi de France, de tout l'intérieur du continent jusqu'à l'océan Pacifique.*
- *Le Québécois Louis Jolliet et le missionnaire Jacques Marquette explorent le Mississipi en 1672 et 1673.*
- *François de Laval devient le premier évêque de Québec en 1674.*
- *Des marchands canadiens fondent la Compagnie du Nord en 1682.*
- *En 1682, René-Robert Cavelier de La Salle descend le Mississipi jusqu'à son embouchure et prend possession du territoire au nom du roi de France.*
- *Nicolas Denys fonde Bathurst (Nepisiguit) en 1688.*
- *Henry Kelsey est le premier Européen à suivre la rivière Saskatchewan vers l'ouest jusqu'à Prince Albert.*
- *En 1690, sir William Phips s'empare de Port-Royal mais échoue devant Québec.*

8   Downtown

9   Stanley Park

10   Harbour Centre Tower, 167 m high

11   Canada Place

12   Greenery

8   *Centre-ville*

9   *Parc Stanley*

10   *Tour Harbour Centre, haute de 167 mètres*

11   *Place du Canada*

12   *Coin de verdure*

11

12

- Saint-Vallier, second bishop of Québec, founds the Hôpital Général de Québec hospital in 1692.

- The Treaty of Ryswick, signed in 1697, returns Newfoundland to England, and Acadia and Hudson Bay to France.

- Montrealer Pierre Le Moyne d'Iberville founds Louisiana in 1698.

- The Canadians and the Iroquois sign the Treaty of Montréal in 1701.

- In 1701, Antoine Laumet, dit de Lamothe Cadillac founds a settlement in Detroit.

- Canada's postal system begins when Pierre Dasilva, dit Portugais, carries official correspondence between Québec City, Trois-Rivières and Montréal in 1701.

1691-1710

- *Saint-Vallier, deuxième évêque de Québec, fonde l'Hôpital Général de Québec en 1692.*

- *Terre-Neuve redevient possession anglaise tandis que la France recouvre l'Acadie et la baie d'Hudson à la suite de la signature du traité de Ryswick en 1697.*

- *Le Montréalais Pierre Le Moyne d'Iberville fonde la Louisiane en 1698.*

- *La paix de Montréal est signée entre les Canadiens et les Iroquois en 1701.*

- *Antoine Laumet, dit de Lamothe Cadillac fonde, en 1701, un établissement à Detroit.*

- *Le système postal débute au Canada quand Pierre Dasilva dit Portugais transporte la correspondance officielle entre Québec, Trois-Rivières et Montréal en 1701.*

13

14

15

13-14 Canada Place

15   Lion's Gate Bridge

16   View of Vancouver

17   Vancouver street

13-14 *Place du Canada*

15   *Lion's Gate Bridge*

16   *Vue sur Vancouver*

17   *Rue à Vancouver*

❖ The signing of the Treaty of Utrecht in 1713 puts an end to the War of the Spanish Succession and enables England to obtain Newfoundland, Acadia and Hudson Bay.

❖ The Notre-Dame-du-Cap sanctuary is built at Cap-de-la-Madeleine in 1714.

❖ In 1718, Jean-Baptiste Le Moyne de Bienville founds New Orleans.

❖ Construction on the Fortress of Louisbourg begins in 1718.

❖ Fort Niagara is built in 1725.

❖ In 1728, Vitus Bering discovers the strait that today bears his name.

1711-1730

❖ La signature du traité d'Utrecht en 1713 met fin à la guerre de la Succession d'Espagne et permet à l'Angleterre d'obtenir Terre-Neuve, l'Acadie et la baie d'Hudson.

❖ Le sanctuaire Notre-Dame-du-Cap à Cap-de-la-Madeleine est construit en 1714.

❖ En 1718, Jean-Baptiste Le Moyne de Bienville fonde la Nouvelle-Orléans.

❖ La construction de la forteresse de Louisbourg débute en 1718.

❖ Le fort Niagara est construit en 1725.

❖ En 1728, Vitus Bering découvre le détroit qui portera son nom.

Perfection
Perfection

3

4

1	Thunder Bay, Ontario	*1*	*Thunder Bay, Ontario*
2	Spotted Lake, Osoyoos, British Columbia	*2*	*Spotted Lake, Osoyoos, Colombie-Britannique*
3	Cudworth, Saskatchewan	*3*	*Cudworth, Saskatchewan*
4	Chubb Crater, Nouveau-Québec	*4*	*Cratère, Nouveau-Québec*

5

6

7

5   Largest egg in Vegreville, Alberta

6   Wheels, St. Jacobs Mennonites, Ontario

7   Spinning wheel, Upper Canada Village, Ontario

8   St. George Cathedral Tower, Kingston, Ontario

9   Riverside Park, Niagara, Ontario

10   Old church, Saint-Boniface, Manitoba

5   *Plus gros œuf à Vegreville, Alberta*

6   *Roues chez les Mennonites de St. Jacobs, Ontario*

7   *Rouet, Upper Canada Village, Ontario*

8   *Tour de la St. George Cathedral, Kingston, Ontario*

9   *Riverside Park, Niagara, Ontario*

10   *Ancienne église à Saint-Boniface, Manitoba*

8

9

- In 1731, Pierre Gaultier de Varennes, Sieur de La Vérendrye, leaves Montréal with his three sons to discover a route to the "Western Sea".

- Canada's first lighthouse is built at Louisbourg, Cape Breton, in 1734.

- In 1734, La Vérendrye discovers the Red River.

- The *Chemin du Roi* between Montréal and Québec City opens in 1737.

- La Vérendrye's sons, Louis-Joseph and François, discover the Rocky Mountains in 1743.

- In 1747, a member of Vitus Bering's Russian expedition discovers Mount St. Elias, Canada's second-highest mountain, at the Yukon-Alaska border.

- In 1748, the Treaty of Aix-la-Chapelle returns Louisbourg and Cape Breton Island to France.

- In 1749, Edward Cornwallis, governor of Nova Scotia, founds the townsite of Chibouctou, present-day Halifax.

1731-1750

- *En 1731, Pierre Gaultier de Varennes, sieur de La Vérendrye, quitte Montréal avec trois de ses fils pour découvrir le chemin vers la mer de l'Ouest.*

- *Le premier phare canadien est construit à Louisbourg, Cap-Breton, en 1734.*

- *En 1734, La Vérendrye découvre la rivière Rouge.*

- *Le chemin du Roi entre Montréal et Québec est ouvert en 1737.*

- *Les fils La Vérendrye, Louis-Joseph et François, découvrent les Rocheuses en 1743.*

- *Un membre de l'expédition russe de Vitus Bering découvre le mont St. Elias en 1747, second plus haut sommet du Canada, à la frontière du Yukon et de l'Alaska.*

- *En 1748, la paix d'Aix-la-Chapelle rend Louisbourg et l'île du Cap-Breton à la France.*

- *En 1749, le gouverneur de la Nouvelle-Écosse, Edward Cornwallis, fonde le poste de Chibouctou qui deviendra Halifax.*

10

11

12

13

14

15

16

 John Bushnell founds the first Canadian newspaper, the *Halifax Gazette*, in 1752.

 In 1754, Anthony Henday is the first European to travel into Alberta.

 The first post office opens its doors in Halifax in 1754.

 The English take Fort Beauséjour near Sackville, New Brunswick, in 1755.

 Deportation of the Acadians begins in 1755.

 Pierre de Rigaud de Vaudreuil de Cavagnial, Marquis of Vaudreuil becomes the first Canadian-born governor of New France in 1755.

1751-1755

 John Bushnell fonde le premier journal canadien, la Halifax Gazette, en 1752.

 En 1754, Anthony Henday est le premier Européen à atteindre l'Alberta.

 Le premier bureau de poste ouvre ses portes à Halifax en 1754.

 Les Anglais prennent le fort Beauséjour situé près de Sackville au Nouveau-Brunswick, en 1755.

 La déportation des Acadiens débute en 1755.

 Pierre de Rigaud de Vaudreuil de Cavagnial, marquis de Vaudreuil, devient le premier Canadien à occuper le poste de gouverneur de la Nouvelle-France en 1755.

17 Rock near Cyprus Lake, Ontario

18 Sugarloaf at the foot of Montmorency Falls, Québec

19 Snow geese, Québec

20 Near Macleod, Alberta

17 *Rocher près de Cyprus Lake, Ontario*

18 *Pain de sucre au pied de la chute Montmorency, Québec*

19 *Oies blanches, Québec*

20 *Près de Macleod, Alberta*

Newfoundland
Terre-Neuve

1

2

3

4

5

- ✤ The Seven Years' War begins in 1756 when England declares war on France.

- ✤ James Cook commands the *Pembroke*, which lays siege to Louisbourg in 1758.

- ✤ On September 13, 1759, the English win the Battle of the Plains of Abraham at Québec City.

- ✤ Canada becomes an English colony after Québec City falls in 1759, and Montréal surrenders in 1760.

- ✤ In 1760, the first Jews arrive in Canada, including Aaron Philip Hart, who settles in Trois-Rivières.

1756-1760

- ✤ *La guerre de Sept Ans débute en 1756 quand l'Angleterre déclare la guerre à la France.*

- ✤ *James Cook commande le* Pembroke *qui assiège Louisbourg en 1758.*

- ✤ *Le 13 septembre 1759, les Anglais remportent la bataille des Plaines d'Abraham à Québec.*

- ✤ *Le Canada devient une colonie anglaise après la capitulation des villes de Québec, en 1759, et de Montréal, en 1760.*

- ✤ *En 1760, les premiers Juifs arrivent au Canada, dont Aaron Philip Hart qui s'installe à Trois-Rivières.*

6	Harbour Breton	6	*Harbour Breton*
7	Frenchman's Cove	7	*Frenchman's Cove*
8	Cyril Major, Sally's Cove	8	*Cyril Major, Sally's Cove*
9	Lobster traps	9	*Cages de homards*
10	Ferryland	10	*Ferryland*

14

15

❖ Simeon Perkins' arrival in Liverpool in 1762 reflects Nova Scotia's economic, social and political beginnings.

❖ The Treaty of Paris is signed on October 7, 1763.

❖ In 1764, William Brown and Thomas Gilmore publish Québec's first periodical, *Quebec Gazette/La gazette de Québec*.

❖ In 1769, Frances Brooke writes the first Canadian novel, *The History of Emily Montague*.

1761 - 1770

❖ *L'arrivée de Simeon Perkins à Liverpool en 1762 permet les débuts économiques, sociaux et politiques de la Nouvelle-Écosse.*

❖ *Le traité de Paris est signé le 7 octobre 1763.*

❖ *William Brown et Thomas Gilmore publient, en 1764, le premier périodique de la province de Québec,* Quebec Gazette/La gazette de Québec.

❖ *Frances Brooke écrit en 1769 le premier roman canadien,* The History of Emily Montague.

16

17

18

19

❖ The European Juan Pérez discovers the Queen Charlotte Islands in 1774 and makes the first contacts with the Haida indians.

❖ The Quebec Act is assented to in 1774.

❖ Samuel Hearne, a Hudson's Bay Company explorer, sets up the first inland post at Cumberland House (Saskatchewan) in 1774.

❖ On December 31, 1775, American troops led by Benedict Arnold and Richard Montgomery attack Québec City during a snowstorm, but suffer a crushing defeat.

1771-1775

❖ *L'Européen Juan Pérez découvre l'archipel de la Reine-Charlotte en 1774 et établit les premiers contacts avec les Indiens Haïda.*

❖ *L'Acte de Québec est adopté en 1774.*

❖ *Samuel Hearne, explorateur au service de la Compagnie de la Baie d'Hudson, établit un premier poste à l'intérieur des terres à Cumberland House (Saskatchewan) en 1774.*

❖ *Le 31 décembre 1775, les troupes américaines de Benedict Arnold et de Richard Montgomery attaquent la ville de Québec pendant une tempête de neige, mais subissent un cuisant échec.*

22

23

24

25

26

27

28

29

❖ In 1776, the German Baroness Von Riedesel introduces the custom of the lighted Christmas tree to Canada.

❖ Fleury Mesplet installs the first presses in Montréal in 1776.

❖ In 1778, James Cook anchors in Nootka Sound on West Vancouver Island.

❖ The same year, explorer Peter Pond sets up the first trading posts in Western Canada up to the Athabaska River.

❖ The first Canadian-born painter, Jean-Antoine Aide-Créquy, dies in 1780.

1776 - 1780

❖ *En 1776, la baronne allemande von Riedesel introduit la tradition du sapin illuminé au Canada.*

❖ *Fleury Mesplet installe les premières presses à Montréal en 1776.*

❖ *En 1778, James Cook pénètre dans le détroit de Nootka situé sur la rive ouest de l'île de Vancouver.*

❖ *L'explorateur Peter Pond introduit, en 1778, les postes de traite dans l'ouest du Canada jusqu'à la rivière Athabasca.*

❖ *Le premier peintre d'origine canadienne, Jean-Antoine Aide-Créquy, meurt en 1780.*

Rows
Enfilade

1	Ducks on Hecla Island, Manitoba	1	*Canards à Hecla Island, Manitoba*
2	Children in Halifax, Nova Scotia	2	*Enfants à Halifax, Nouvelle-Écosse*
3	Silos near Kitscoty, Alberta	3	*Silos vers Kitscoty, Alberta*
4	Nova Scotia	4	*Nouvelle-Écosse*

3

4

5

6

7

8

9

10

❖ New Brunswick is created in 1784.

❖ That same year, the loyalist colony of New Johnstown (Cornwall) is founded.

❖ Simon McTavish and a group of Montréal merchants found the North West Company.

❖ The Beaver Club, restricted to fur trade veterans, is founded in 1785.

❖ In 1785, Joseph DesBarres lays out the settlement that would become Sydney, Cape Breton.

1781-1785

❖ *Le Nouveau-Brunswick est créé en 1784.*

❖ *La colonie loyaliste New Johnstown (Cornwall) est fondée en 1784.*

❖ *Simon McTavish et un groupe de marchands de Montréal fondent la Compagnie du Nord-Ouest.*

❖ *Le Club Beaver qui regroupe d'anciens membres de la traite des fourrures est fondé en 1785.*

❖ *En 1785, Joseph DesBarres conçoit les plans de ce qui deviendra Sydney dans l'île du Cap-Breton.*

13

14

11   Swallows nests, Dawson City, Yukon

12   Shippagan, New Brunswick

13   Cormorants, Pictou, Nova Scotia

14   St. Basile Cemetery, New Brunswick

15   Winnipeg, Manitoba

11   Nids d'hirondelles, Dawson City, Yukon

12   Shippagan, Nouveau-Brunswick

13   Cormorans, Pictou, Nouvelle-Écosse

14   Cimetière Saint-Basile, Nouveau-Brunswick

15   Winnipeg, Manitoba

15

16

17

18

19

21

22

23

◈ John Molson founds the Molson brewery in 1786 in Montréal.

◈ In 1787, Captain George Dixon names the Queen Charlotte Islands after the wife of King George III.

◈ Named to Nova Scotia in 1787, Charles Inglis becomes the Church of England's first colonial bishop in Canada.

◈ The Quebec Turf Club, Canada's first horse racing club, is formed in 1789.

◈ George Vancouver explores the North American northwest coast in 1790.

1786-1790

◈ *John Molson fonde la brasserie du même nom en 1786 à Montréal.*

◈ *En 1787, le capitaine George Dixon baptise l'archipel de la Reine-Charlotte en l'honneur de l'épouse du roi George III.*

◈ *Affecté en Nouvelle-Écosse en 1787, Charles Inglis devient le premier évêque colonial de l'Église anglicane au Canada.*

◈ *Le Quebec Turf Club, premier club de courses de chevaux au Canada, est fondé en 1789.*

◈ *George Vancouver explore la côte nord-ouest de l'Amérique en 1790.*

Québec City
Québec

1	St. Louis Gate	1	*Porte Saint-Louis*
2	Québec City seen from the St. Lawrence River	2	*Ville de Québec vue du fleuve Saint-Laurent*
3	Château Frontenac seen from Montmorency Park in fall	3	*Château Frontenac vu du parc Montmorency à l'automne*

4

5

❖ The British Parliament adopts the Constitutional Act, 1791, which divides Canada into two provinces: Upper Canada and Lower Canada.

❖ The first elections are held in 1792.

❖ In 1793, Alexander Mackenzie reaches the Pacific, after having travelled a 320-km route which is classified a historic site in 1982.

❖ John Graves Simcoe, first Lieutenant-Governor of Upper Canada, founds the city of Toronto (York) in 1793.

❖ Irish immigration to Canada begins in 1798.

❖ Philemon Wright founds the city of Hull in 1800.

1791-1800

❖ *Le parlement britannique adopte l'Acte constitutionnel de 1791 divisant le Canada en deux provinces : le Haut-Canada et le Bas-Canada.*

❖ *Les premières élections ont lieu en 1792.*

❖ *En 1793, Alexander Mackenzie atteint le Pacifique en empruntant un long sentier d'environ 320 kilomètres classé site historique depuis 1982.*

❖ *John Graves Simcoe, premier lieutenant-gouverneur du Haut-Canada, fonde la ville de Toronto (York) en 1793.*

❖ *L'immigration irlandaise au Canada débute en 1798.*

❖ *Philemon Wright fonde la ville de Hull en 1800.*

6

8

7

9

10

11

12

14

❖ In 1803, Thomas Douglas, 5th Earl of Selkirk, settles 800 highlanders on Prince Edward Island.

❖ Canada's first paper mill is built in Saint-André, Québec in 1805.

❖ In 1806, one of Simon Fraser's men is the first White man to mention the Pine Pass, which crosses the Rocky Mountains.

❖ In 1806, Louis Riel's grandmother, Marie-Anne Lagemodière, née Gaboury, becomes one of the first White women to settle the Prairies.

❖ In 1807, a group of Scots found the Montreal Curling Club, the first sports club in Canada.

❖ In 1808, Simon Fraser becomes the first European to travel to the mouth of the river that today bears his name.

❖ The first steamships travel the St. Lawrence in 1809.

1801-1810

❖ *En 1803, Thomas Douglas, cinquième comte de Selkirk, installe 800 highlanders à l'Île-du-Prince-Édouard.*

❖ *La première usine de papier au Canada est construite au Québec, à Saint-André, en 1805.*

❖ *En 1806, l'un des hommes de Simon Fraser est le premier Blanc à faire connaître le passage du col Pine, permettant de traverser les Rocheuses.*

❖ *Marie-Anne Lagemodière, née Gaboury, grand-mère de Louis Riel, devient en 1806 l'une des premières femmes blanches à vivre dans les Prairies.*

❖ *Des Écossais fondent le Montreal Curling Club en 1807, premier club de sport au Canada.*

❖ *En 1808, Simon Fraser devient le premier Européen à suivre, jusqu'à son embouchure, le cours du fleuve qui portera son nom.*

❖ *La navigation à vapeur commence sur le Saint-Laurent en 1809.*

15

16

17

Zigzag
Zigzag

1

2

3

4

5

6

7

10	Mt. Robson, the highest peak in the Rockies, British Columbia	*10*	*Mont Robson, le plus élevé des Rocheuses, Colombie-Britannique*
11	Northwest Territories	*11*	*Territoires du Nord-Ouest*
12	Newfoundland	*12*	*Terre-Neuve*
13	Signal Hill in St. John's, Newfoundland	*13*	*Signal Hill à St. John's, Terre-Neuve*

❖ David Thompson discovers the Athabaska Pass in 1811 and explores the Columbia River, from its source to the Pacific Ocean.

❖ Sir Isaac Brock, considered the saviour of Upper Canada, is killed in 1812 at Queenston Heights (Ontario).

❖ Selkirk establishes the Red River colony in 1812.

❖ On June 18, 1812, the United States declare war on England and attack Canada.

❖ Salaberry's Canadian troops turn back the American advance on Montréal in the Battle of Châteauguay on October 26, 1813.

❖ In 1813, Laura Secord walks 30 km to warn the British that the Americans are planning to attack their outpost at Beaver Dams.

❖ In 1814, England and the United States sign the Treaty of Ghent to end the War of 1812.

❖ George Hamilton purchases land in Barton Township in 1815 and lays out the townsite for the city that today bears his name.

1811-1815

❖ *David Thompson découvre le col de l'Athabasca en 1811 et explore le fleuve Columbia depuis sa source jusqu'à l'océan.*

❖ *Sir Isaac Brock, considéré comme le sauveur du Haut-Canada, est tué en 1812 à Queenston Heights (Ontario).*

❖ *Un établissement est fondé à la rivière Rouge par Selkirk en 1812.*

❖ *Le 18 juin 1812, les États-Unis déclarent la guerre à l'Angleterre et attaquent le Canada.*

❖ *Les troupes canadiennes de Salaberry repoussent l'invasion américaine en direction de Montréal lors de la bataille de Châteauguay le 26 octobre 1813.*

❖ *En 1813, Laura Secord marche 30 kilomètres pour signaler une attaque imminente de l'avant-poste anglais de Beaver Dams par les Américains.*

❖ *En 1814, l'Angleterre et les États-Unis signent le traité de Gand qui met fin à la guerre de 1812.*

❖ *George Hamilton achète en 1815 un terrain dans le canton de Barton et élabore le plan d'une ville qui portera son nom.*

Alberta
Alberta

1

2

3

4

5

6

7

8

9

12

13

- ❖ Captain William Ross establishes the agricultural settlement "Ross Farm" in New Ross, Nova Scotia, in 1816.

- ❖ The Bank of Montreal, Canada's oldest chartered bank, is founded in 1817.

- ❖ John Ross discovers part of Ellesmere Island, Nunavut, in 1818.

- ❖ The first rowing race is held in 1818 as part of the St. John's Regatta.

- ❖ Admiral Parry discovers Bathurst Island, Nunavut, in 1819.

- ❖ Construction of the Québec Citadel, which would be completed in 1831, begins in 1820.

- ❖ Cape Breton Island is reunited with Nova Scotia in 1820.

1816-1820

- ❖ *William Ross établit une colonie agricole à New Ross (Nouvelle-Écosse) en 1816.*

- ❖ *La Banque de Montréal, la plus ancienne banque à charte du Canada, est fondée en 1817.*

- ❖ *John Ross découvre une portion de l'île Ellesmere au Nunavut en 1818.*

- ❖ *Les régates de St. John's se tiennent pour la première fois en 1818 avec la course à avirons.*

- ❖ *L'amiral Parry découvre l'île Bathurst au Nunavut en 1819.*

- ❖ *La construction de la citadelle de Québec, qui s'étendra jusqu'en 1831, débute en 1820.*

- ❖ *L'île du Cap-Breton est rattachée à la Nouvelle-Écosse en 1820.*

14

15

16

17

18

19

- ❖ The North West Company and the Hudson's Bay Company merge in 1821.

- ❖ William Cormack crosses Newfoundland on foot in 1822; his account of this expedition is a classic of Newfoundland literature.

- ❖ Construction of the Notre-Dame Church in Montréal, the earliest surviving example of a Gothic revival church in Canada, begins in 1823.

- ❖ Canada's first medical school, which, six years later, would become McGill University's Faculty of Medicine, is founded in 1823.

- ❖ Julia Catherine Hart becomes Canada's first native-born French Canadian novelist by publishing *St. Ursula's Convent; or, The Nun of Canada, Containing Scenes from Real Life* in 1824.

- ❖ The Welland Canal is built.

- ❖ The Lachine Canal opens.

- ❖ The Literary and Historical Society of Quebec, Canada's oldest historical society, is created.

1 8 2 1 - 1 8 2 5

- ❖ *La Compagnie du Nord-Ouest et la Compagnie de la Baie d'Hudson fusionnent en 1821.*

- ❖ *William Cormack laisse un classique littéraire de sa traversée de Terre-Neuve à pied en 1822.*

- ❖ *La construction de l'église Notre-Dame de Montréal, qui constitue le plus vieil exemple de la renaissance du gothique religieux au Canada, s'amorce en 1823.*

- ❖ *La première école de médecine canadienne, qui deviendra six ans plus tard la Faculté de médecine de l'université McGill, est fondée en 1823.*

- ❖ *Julia Catherine Hart devient la première romancière canadienne-française en publiant, en 1824,* St. Ursula's Convent; or, The Nun of Canada, Containing Scenes from Real Life.

- ❖ *Le canal Welland est construit.*

- ❖ *Le canal Lachine est ouvert.*

- ❖ *La plus vieille société historique du Canada, la* Literary and Historical Society of Quebec, *est créée.*

20

21

22

23

27

28

- ❖ Peterborough is named for Peter Robinson, who directed the settlement of a large number of Irish immigrants in the area, in 1826.

- ❖ In 1826, John Richardson first sights Victoria Island, Nunavut, Canada's second-largest island.

- ❖ John By founds Ottawa (Bytown).

- ❖ Canada's first yacht club, the Kingston Boat Club, is formed in Kingston.

- ❖ Construction of the Halifax Citadel begins in 1828 and is completed in 1856.

- ❖ The first regular cricket club, the St. John's Cricket Club, is formed in St. John's in 1828.

- ❖ Shawnandithit, the last known Beothuk, dies of tuberculosis in St. John's in 1829.

- ❖ In 1830, Ontario apple breeder John McIntosh develops the apple that today bears his name.

1826 - 1830

- ❖ Peterborough reçoit son nom en l'honneur de Peter Robinson qui a dirigé l'installation d'un grand nombre d'immigrants irlandais en 1826.

- ❖ En 1826, John Richardson aperçoit l'île de Victoria située au Nunavut, deuxième plus grande île du Canada.

- ❖ John By fonde Ottawa (Bytown).

- ❖ Le premier club de yachting du Canada, le Kingston Boat Club, est créé à Kingston.

- ❖ La construction de la citadelle d'Halifax débute en 1828 et se prolongera jusqu'en 1856.

- ❖ Le premier club permanent de cricket, le St. John's Cricket Club, est créé à St. John's en 1828.

- ❖ Shawnandithit, la dernière Beothuk connue, meurt de la tuberculose à St. John's en 1829.

- ❖ En 1830, le pomiculteur ontarien John McIntosh développe la pomme qui portera son nom.

30

Straight lines
Ligne droite

1

2

1   Saint-Odilon, Beauce, Québec

2   Range Mountains, Newfoundland

3   Moving toward West Bay, Saskatchewan

4   Near Fort Simpson, Northwest Territories

1   *Saint-Odilon, Beauce, Québec*

2   *Range Mountains, Terre-Neuve*

3   *Dans la direction de West Bay, Saskatchewan*

4   *Vers Fort Simpson, Territoires du Nord-Ouest*

- Sir James Clark Ross discovers the North Magnetic Pole in 1831.

- The *Royal William*, the first Canadian ship to cross the Atlantic Ocean entirely under steam power, is launched in Québec City.

- The Bank of Nova Scotia, Canada's second-oldest chartered bank, is founded in 1832.

- A cholera epidemic breaks out in Québec City.

- Grosse-Île, or Quarantine Island, receives more than 50 000 Irish and English immigrants.

- The John Labatt Corporation brewery begins operating.

- The Rideau Canal opens.

1831-1832

- *Sir James Clark Ross localise le pôle Nord magnétique en 1831.*

- *Le premier vapeur canadien à traverser l'Atlantique sans l'aide de la voile, le Royal William, est lancé à Québec.*

- *La Banque de Nouvelle-Écosse, deuxième plus ancienne banque à charte du Canada, est fondée en 1832.*

- *Une épidémie de choléra éclate à Québec.*

- *Grosse-Île ou l'île de la Quarantaine reçoit plus de 50 000 immigrants irlandais et anglais.*

- *La brasserie John Labatt ltée commence ses opérations.*

- *Le canal Rideau est ouvert.*

❖ Nickel and copper are discovered near Sudbury in 1833.

❖ The Dalhousie law school, the first to teach comm on law in Canada, is founded.

❖ The slave Josiah Henson founds the black settlement of Dawn in Upper Canada.

❖ William Lyon Mackenzie becomes the first mayor of Toronto in 1834.

❖ In 1834, slavery is abolished in Canada.

❖ The Ninety-Two Resolutions are adopted.

1833 - 1834

❖ Du nickel et du cuivre sont découverts près de Sudbury en 1833.

❖ L'école de droit de Dalhousie, première institution à enseigner le droit coutumier au Canada, est créée.

❖ L'esclave Josiah Henson fonde la communauté noire de Dawn au Haut-Canada.

❖ William Lyon Mackenzie devient le premier maire de Toronto en 1834.

❖ En 1834, l'esclavage est aboli au Canada.

❖ Les 92 Résolutions sont présentées.

9	Highway 16, McDonald, Manitoba	9	Route 16, McDonald, Manitoba
10	White pelican, Red River, Manitoba	10	Pélican blanc, Rivière-Rouge, Manitoba
11	Île d'Orléans bridge, Québec	11	Pont de l'île d'Orléans, Québec
12	400-m long covered bridge, Hartland, New Brunswick	12	Pont couvert de 400 mètres de long à Hartland, Nouveau-Brunswick

13

13	Freight train, Manitoba	*13*	*Train de marchandises, Manitoba*
14	Naufrage Harbour, Prince Edward Island	*14*	*Naufrage Harbour, Île-du-Prince-Édouard*
15	Sunset, Newfoundland	*15*	*Coucher de soleil, Terre-Neuve*

14

- The first Canadian philosophy textbook, *Institutiones philosophicæ ad usum studiosæ juventutis*, by Jérôme Demers, is published in 1835.

- The Champlain and Saint Lawrence Railroad, Canada's first railway, is inaugurated in 1836.

- Thomas Chandler Haliburton, the first Canadian writer to gain an international reputation, publishes *The Clockmaker*, which sells more than any other book the world over, in 1836.

- In 1837, Philippe-Ignace-François Aubert de Gaspé writes *L'influence d'un livre*, considered the first French-Canadian novel.

- William Lyon Mackenzie leads the Rebellion of 1837 in Upper Canada.

- Louis-Joseph Papineau is the first effective French-Canadian political leader.

1835 - 1837

- *Le premier manuel canadien de philosophie,* Institutiones philosophicæ ad usum studiosæ juventutis, *de Jérôme Demers, est publié en 1835.*

- *Le Champlain and Saint Lawrence Railroad, premier chemin de fer au Canada, est inauguré en 1836.*

- *Thomas Chandler Haliburton, premier grand écrivain canadien à obtenir une réputation internationale, lance, en 1836,* The Clockmaker *qui bat les records de vente.*

- *Philippe-Ignace-François Aubert de Gaspé écrit en 1837* L'influence d'un livre, *considéré comme le premier roman canadien-français.*

- *William Lyon Mackenzie est le chef de la rébellion de 1837 dans le Haut-Canada.*

- *Louis-Joseph Papineau est le premier leader politique des Canadiens-français.*

15

Yellowknife
Yellowknife

1

2

3

1	Downtown		1	*Centre-ville*
2	View of Yellowknife		2	*Vue sur Yellowknife*
3	Legislature		3	*Parlement*

❖ Rideau Hall, the Governor General's residence in Ottawa, is built in 1838.

❖ Travelling in Canada, William Henry Bartlett sketches prominent sites.

❖ Twelve Patriotes are hung in Montréal.

❖ The Albion Mines Railway, the Maritimes' first railway, is inaugurated in 1839.

❖ The Toronto Observatory is founded.

1838 - 1839

❖ *La résidence du gouverneur général à Ottawa, Rideau Hall, est construite en 1838.*

❖ *De passage au Canada, William Henry Bartlett exécute des tableaux de sites exceptionnels.*

❖ *Douze patriotes sont pendus à Montréal.*

❖ *L'Albion Mines Railway, le premier chemin de fer des Maritimes, est inauguré en 1839.*

❖ *L'observatoire météorologique de Toronto est fondé.*

7

Points
Pointe

1	Courthouse, Prince George, British Columbia	1	*Palais de justice, Prince George, Colombie-Britannique*
2	Confederation Building façade, Ottawa	2	*Façade de l'édifice de la Confédération, Ottawa*
3	Banff, Alberta	3	*Banff, Alberta*
4	Rogers Pass peaks, British Columbia	4	*Sommets Rogers Pass, Colombie-Britannique*

5

6

7

◈ The side-wheele *Britannia* crosses the Atlantic in 14 days, 8 hours, in 1840, establishing a regular, fast steam packet service.

◈ The Act of Union uniting Upper Canada and Lower Canada is passed in 1840.

◈ Nova Scotia's Charles Fenerty produces paper from wood pulp in 1841.

◈ The National Museum of Man, renamed the Canadian Museum of Civilizations in 1986, is created in 1841.

◈ The Geological Survey of Canada is founded in 1842.

◈ The Ashburton-Webster Treaty (Treaty of Washington) is signed on August 9, 1842.

◈ Abraham Gesner opens Canada's first natural history museum at the Mechanics' Institute in Saint John, New Brunswick.

◈ Charles Dickens visits Québec.

◈ The formation of the La Fontaine-Baldwin administration allows a political party to unite Francophones and Anglophones for the first time.

1840-1842

◈ *Le Britannia, un bateau à aubes, traverse l'Atlantique en quatorze jours et huit heures, en 1840, pour assurer un service postal régulier.*

◈ *En 1840, l'Acte d'Union du Haut-Canada et du Bas-Canada est sanctionné.*

◈ *Charles Fenerty de la Nouvelle-Écosse fabrique du papier à partir de pâte de bois en 1841.*

◈ *Le Musée national de l'Homme, devenu le Musée canadien des civilisations en 1986, est créé en 1841.*

◈ *La Commission géologique du Canada est fondée en 1842.*

◈ *Le traité Ashburton-Webster (traité de Washington) est signé le 9 août 1842.*

◈ *Abraham Gesner ouvre le premier musée d'histoire naturelle du Canada (Mechanics' Institute de Saint-Jean) au Nouveau-Brunswick.*

◈ *Charles Dickens visite Québec.*

◈ *La mise en place du ministère La Fontaine-Baldwin permet pour la première fois à un parti d'allier francophones et anglophones.*

RECONCILIATION

RÉCONCILIATION

14

15

11	John Murphy, Duncan, British Columbia	11	John Murphy, Duncan, Colombie-Britannique
12	Beech, Québec	12	Hêtre à grandes feuilles, Québec
13	Fossil, Miguasha, Québec	13	Fossile, Miguasha, Québec
14	Oil well, Cunington Manor, Saskatchewan	14	Puits de pétrole, Cunington Manor, Saskatchewan
15	Moraine Lake, Alberta	15	Lac Moraine, Alberta

Ontario
Ontario

4

3

5

6

7

8

9

10

11

The site chosen by James Douglas in 1843 would become the city of Victoria.

Samuel Keefer builds the first suspension bridge in Canada, spanning the Ottawa River in 1843. As a supervising engineer, he builds the first railway tunnel in Brockville and receives the 1878 Gold Medal at the Paris Exhibition for the design and construction of the Clifton Bridge over the Niagara River.

George Brown launches the Toronto *Globe* in 1844.

The first international cricket match in cricket history is held in Toronto in 1844.

Canada's first cotton manufacturing plant is built in Sherbrooke.

1843-1844

L'emplacement choisi par James Douglas en 1843 deviendra la ville de Victoria.

Le premier pont suspendu au Canada est construit sur l'Outaouais par Samuel Keefer en 1843. L'ingénieur s'occupera de l'érection du premier tunnel à Brockville et recevra la médaille d'or à l'Exposition de Paris en 1878 pour la conception et la construction du pont Clifton sur le Niagara.

George Brown fonde le Globe *de Toronto en 1844.*

Le premier match international de l'histoire du cricket a lieu à Toronto en 1844.

La première filature de coton au Canada est construite à Sherbrooke.

12

13

14

15

16

17

18

19

❖ The Canada Steamship Lines Inc. is created in 1845.

❖ Two fires raze Québec City on May 28 and June 28, 1845, killing 23 and leaving 15 000-18 000 homeless.

❖ The two ships under the command of Sir John Franklin are last seen in northern Baffin Bay on July 26, 1845.

❖ Henry Morgan comes to Canada from Scotland and opens in Montréal, Canada's oldest department store.

❖ Abraham Gesner invents kerosene in Nova Scotia in 1846.

❖ Canada's first telegraph company, the Toronto, Hamilton and Niagara Electro-Magnetic Telegraph is founded.

❖ The Oregon Treaty describes the boundary between British North America and the United States west of the Rocky Mountains.

1845-1846

❖ *La Canada Steamship Lines inc. voit le jour en 1845.*

❖ *Deux incendies ravagent la ville de Québec le 28 mai et le 28 juin 1845, tuent 23 personnes et en laissent entre 15 000 et 18 000 autres sans abri.*

❖ *Les deux navires que dirige sir John Franklin sont aperçus pour la dernière fois dans le nord de la baie de Baffin le 26 juillet 1845.*

❖ *L'Écossais Henry Morgan débarque au Canada et ouvre, à Montréal, le plus ancien grand magasin du pays.*

❖ *En Nouvelle-Écosse, en 1846, Abraham Gesner invente le kérosène.*

❖ *La première compagnie de télégraphe du Canada, la Toronto, Hamilton and Niagara Electro-Magnetic Telegraph est mise sur pied.*

❖ *Le traité de l'Oregon fixe la frontière entre l'Amérique du Nord britannique et les États-Unis à l'ouest des montagnes Rocheuses.*

20

21

22

23

24

25

26

27

28

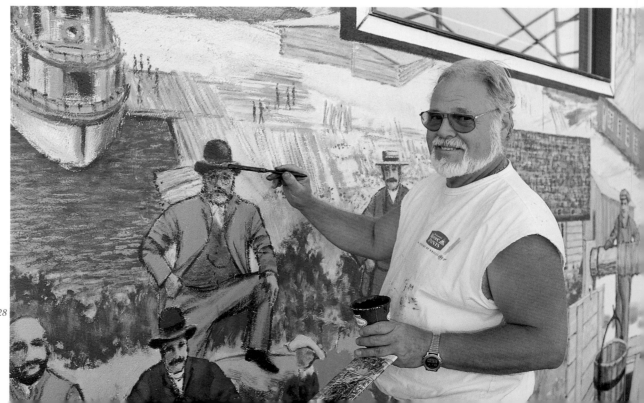

❖ Physician Edward Dagge Worthington pioneers the use of general anesthesia in Canada in 1847.

❖ The Montreal Museum of Fine Arts, the oldest of Québec's museum, is established.

❖ Ministerial responsibility is acquired in united Canada and Nova Scotia in 1848.

❖ In 1849, fire ravages Toronto.

❖ Built in 1843 by Sir James Douglas, Fort Victoria becomes the main fur-trading post on the Pacific.

❖ Daniel Massey establishes the Newcastle Foundry and Machine Manufactory (Massey Manufacturing Co.).

1847-1849

❖ *Le médecin Edward Dagge Worthington introduit l'anesthésie générale au Canada en 1847.*

❖ *Le plus ancien musée du Québec, le Musée des beaux-arts de Montréal, est créé.*

❖ *La responsabilité ministérielle est acquise au Canada-Uni et en Nouvelle-Écosse en 1848.*

❖ *En 1849, un grand incendie ravage la ville de Toronto.*

❖ *Construit en 1843 par sir James Douglas, le fort Victoria devient le principal poste de fourrures du Pacifique.*

❖ *Daniel Massey crée la Newcastle Foundry and Machine Manufactory (Massey Manufacturing Co.).*

31

32

33

Blue
Bleu

3

4

5

6

- ❖ James Beaven publishes *Elements of Natural Theology*, the first philosophical work written in English Canada, in 1850.

- ❖ The first commercial outdoor skating rink officially opens in Montréal.

- ❖ Ezra Butler Eddy moves his friction-match factory to Hull in 1851.

- ❖ Designed by Sir Sandford Fleming, the first Canadian postage stamp and world's first artistic stamp, is issued on April 23, 1851.

- ❖ The sailing ship *Marco Polo*, which earned the title "Fastest Ship in the World", is launched at the building yard of James Smith in New Brunswick.

- ❖ Sir William Edmond Logan, first director of the Geological Survey of Canada, becomes the first Canadian inducted into the Royal Society of London.

- ❖ The Parliament of United Canada replaces English currency (pounds, shillings, pence) by decimal-based currency (dollars, cents).

1850-1851

- ❖ *Elements of Natural Theology de James Beaven, devient le premier ouvrage philosophique publié au Canada anglais, en 1850.*

- ❖ *La première patinoire commerciale extérieure est inaugurée à Montréal.*

- ❖ *Ezra Butler Eddy transfère sa fabrique d'allumettes soufrées à Hull en 1851.*

- ❖ *Dessiné par sir Sandford Fleming, le premier timbre canadien et premier timbre artistique au monde est émis le 23 avril 1851.*

- ❖ *Le clipper Marco Polo qui recevra le titre de voilier le plus rapide au monde est lancé au chantier naval de James Smith au Nouveau-Brunswick.*

- ❖ *Sir William Edmond Logan, premier directeur de la Commission géologique du Canada, devient le premier Canadien à être admis au sein de la Royal Society de Londres.*

- ❖ *Le Parlement du Canada-Uni remplace la monnaie anglaise (livres, shillings, pennies) par une monnaie décimale (dollars et cents).*

Halifax
Halifax

2

3

1-2   City centre

3   View of the Citadel

4   City district

1-2   *Centre-ville*

3   *Vue sur la Citadelle*

4   *Quartier de la ville*

4

5 6

7

- Sir John Franklin is the first White man to reach the Yukon in an expedition along the Arctic seaboard in 1852.

- The world's first commercial covered skating rink is built in Québec City.

- George Templeman Kingston settles in Canada and organizes one of Canada's first scientific meteorological services.

- The first locomotive manufactured in Ontario, the *Toronto*, travels throughout the Queen City in 1853.

- New Brunswick's Christ Church Cathedral, built to the neogothic plans of architects Frank Wills and William Butterfield, opens after seven years of construction.

- The trotter Tacony becomes the first Canadian-bred world champion.

- The world's first international railway, the St. Lawrence and Atlantic Railroad, is inaugurated on July 18, 1853.

- Francis Peabody Sharp, the first horticulturist in Canada, creates his first new apple variety the "New Brunswick".

- The Montréal-Portland section of the Grand Trunk Railway is inaugurated.

1852 - 1853

- *Sir John Franklin est le premier Blanc à atteindre le Yukon lors de son expédition le long du littoral de l'Arctique en 1852.*

- *La première patinoire commerciale recouverte au monde est construite à Québec.*

- *George Templeman Kingston s'installe au Canada et organise l'un des premiers services scientifiques météorologiques au Canada.*

- *La première locomotive construite en Ontario, la* Toronto, *circule au cœur de la ville reine en 1853.*

- *La cathédrale Christ Church du Nouveau-Brunswick, construite selon les plans néogothiques des architectes Frank Wills et William Butterfield, est ouverte après sept ans de travaux.*

- *Le trotteur Tacony devient le premier champion mondial issu d'un élevage canadien de chevaux.*

- *Le premier chemin de fer international du monde, le St. Lawrence and Atlantic Railroad, est inauguré le 18 juillet 1853.*

- *Francis Peabody Sharp, premier horticulteur au Canada, crée sa première variété de pommes, la «New Brunswick».*

- *Le chemin de fer du Grand Tronc est inauguré entre Montréal et Portland.*

10
11

12

13

14

15

- Robert Simpson immigrates to Canada from Scotland in 1854 and founds the Robert Simpson Co. in Toronto.
- William Price forms the William Price and Sons lumber company in 1855.
- The first locks on the St. Lawrence Seaway, allowing navigation through the Great Lakes to Sault Ste. Marie, are inaugurated.
- John Kinder Labatt becomes the owner of a brewery, which he later builds into a highly successful enterprise.
- On July 14, 1855, *La Capricieuse* is the first French naval vessel to visit Canada after the Conquest.

1854 - 1855

- *L'Écossais Robert Simpson immigre au Canada en 1854 et fonde à Toronto la société Robert Simpson Co.*
- *William Price forme la compagnie forestière William Price and Sons en 1855.*
- *La première écluse de la voie maritime du Saint-Laurent permettant la navigation des Grands Lacs à Sault-Sainte-Marie est inaugurée.*
- *John Kinder Labatt devient le propriétaire d'une brasserie appelée à devenir une grande entreprise.*
- *Le 14 juillet 1855, La Capricieuse est le premier navire français à visiter le Canada depuis la Conquête.*

Endless Horizon
Horizon infini

1	Gaspé village along the shores of the St. Lawrence, Québec	1	*Village gaspésien au bord du Saint-Laurent, Québec*
2	Field of sunflowers, Saskatchewan	2	*Champ de tournesol, Saskatchewan*
3	Marsh, New Brunswick	3	*Marais, Nouveau-Brunswick*
4	Burnt Islands, Newfoundland	4	*Burnt Islands, Terre-Neuve*

3

4

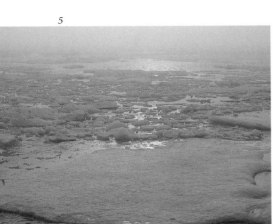

❖ Scotsman David Boyle, who would become internationally prominent as Canada's premier archeologist, arrives in Canada in 1856.

❖ Queen Victoria institutes the Victoria Cross as the Commonwealth's premier military decoration.

❖ Upper Canada's first synagogue, the Toronto Hebrew Congregation (Holy Blossom Temple), is created by Lewis Samuel.

❖ Frederick Gisborne completes the first submarine telegraph line in North America, joining Cape Ray (Newfoundland) with Cape Breton Island.

❖ Well-known photographer William Notman arrives in Canada.

❖ The world's first commercial oil production occurs in Petrolia, Ontario, in 1857.

1856 - 1857

❖ L'Écossais David Boyle, qui deviendra le premier archéologue du pays à avoir une réputation internationale, arrive au Canada en 1856.

❖ La reine Victoria institue la Croix de Victoria comme la plus haute décoration militaire du Commonwealth.

❖ La première synagogue du Haut-Canada, la Toronto Hebrew Congregation (Holy Blossom Temple), est créée par Lewis Samuel.

❖ Frederick Gisborne termine l'installation de la première ligne télégraphique sous-marine en Amérique du Nord, du cap Ray (Terre-Neuve) à l'île du Cap-Breton.

❖ Le célèbre photographe William Notman arrive au Canada.

❖ La première production commerciale de pétrole au monde a lieu à Petrolia, en Ontario, en 1857.

5	Beaufort Sea, Northwest Territories	5	*Mer de Beaufort, Territoires du Nord-Ouest*
6	Near Lake Hazen, Nunavut	6	*Près de Lake Hazen, Nunavut*
7	Newfoundland	7	*Terre-Neuve*
8	Landscape, Northwest Territories	8	*Paysage, Territoires du Nord-Ouest*
9	Baie-Johan-Beetz, North Shore, Québec	9	*Baie-Johan-Beetz, Côte-Nord, Québec*

10

11

12

13

14

15

14   Wharf at Caraquet, New Brunswick

15   Sunset, Nova Scotia

16   Field of canola, Manitoba

17   Wheatfield, Saskatchewan

18   Vineyard, Ontario

14   Quai à Caraquet, Nouveau-Brunswick

15   Coucher de soleil, Nouvelle-Écosse

16   Champ de canola, Manitoba

17   Champ de blé, Saskatchewan

18   Vignoble, Ontario

- The first Chinese immigrants arrive in Canada in 1858.

- The Fraser River gold rush attracts miners and merchants to British Columbia.

- Hiram Walker builds his distillery.

- The first telegraph cable linking Ireland and Newfoundland and connecting North America with Europe is installed on the ocean floor.

- British Columbia becomes a royal colony.

- In 1859, architects Thomas Fuller and Chilion Jones win an award for the Parliament Buildings in Ottawa.

- The first two Pacific coast lighthouses come into service at Race Rocks and Fisgard in 1860.

- The Prince of Wales (Edward VII) inaugurates the Victoria Bridge during the first official royal visit in British North America.

- George Lawson founds the Botanical Society of Canada.

1858 - 1860

- *Les premiers immigrants chinois arrivent au Canada en 1858.*

- *La ruée vers l'or du fleuve Fraser attire mineurs et commerçants en Colombie-Britannique.*

- *Hiram Walker établit sa distillerie.*

- *Le premier câble télégraphique reliant l'Irlande à Terre-Neuve et assurant la liaison entre l'Amérique et l'Europe est déposé au fond de la mer.*

- *La Colombie-Britannique devient colonie royale.*

- *En 1859, les architectes Thomas Fuller et Chilion Jones remportent un prix pour les édifices parlementaires à Ottawa.*

- *Les deux premiers phares de la côte du Pacifique sont en opération à Race Rocks et à Fisgard en 1860.*

- *Le prince de Galles (futur Edouard VII) inaugure le pont Victoria lors de la première visite royale officielle en Amérique du Nord britannique.*

- *George Lawson fonde la Botanical Society of Canada.*

19

20

21

22

23

Prince Edward Island
Île-du-Prince-Édouard

1

1   French River

2   John James and Wayne McDonald, Naufrage Harbour

3   North Lake Harbour

1   *French River*

2   *John James et Wayne McDonald, Naufrage Harbour*

3   *North Lake Harbour*

2

3

6

7

- John Forbes, of Dartmouth, develops the first spring-skate in 1861.

- Eugene O'Keefe founds Victoria Brewery in Toronto, which, in 1891, becomes the O'Keefe Brewing Co. Ltd.

- Samuel McLaughlin becomes the first official photographer of Canada.

- Priest and naturalist Léon Provancher publishes *Flore Canadienne* in 1862.

- The Victoria skating rink, the world's largest at the time, is built in Montréal.

- The Overlanders, a group of some 150 settlers leave Ontario to go west.

1861-1862

- *John Forbes, de Dartmouth, invente la première lame à ressort pour patin en 1861.*

- *Eugene O'Keefe fonde à Toronto la Victoria Brewery qui deviendra, en 1891, O'Keefe Brewery Co.*

- *Samuel McLaughlin devient le premier photographe officiel du Canada.*

- *Le prêtre et naturaliste Léon Provancher publie, en 1862, Flore Canadienne.*

- *La patinoire Victoria, la plus grande du monde à l'époque, est construite à Montréal.*

- *Un groupe d'environ 150 colons, les Overlanders, partent de l'Ontario pour l'Ouest.*

8

9   Bedeque River

10 Historical home housing a museum

11 Anne of Green Gables house

12 Bell, City Hall

13 Thistles

9   *Rivière Bedeque*

10 *Maison historique abritant un musée*

11 *Maison Anne-aux-pignons-verts*

12 *Cloche, hôtel de ville*

13 *Chardons*

11

12

13

14

15

❖ In 1863, Philippe-Joseph Aubert de Gaspé writes *Les Anciens Canadiens*, considered the first classic of French-Canadian fiction.

❖ The Entomological Society of Canada is founded.

❖ Angus McAskill, the tallest nonpathological giant on record, dies in Englishtown, Nova Scotia.

❖ The Charlottetown Conference, which set Confederation in motion, is held on September 1-9, 1864.

❖ The Québec Conference is held on October 10-27, 1864.

❖ The first Canadian game of rugby takes place in Montréal in 1865.

❖ The Parliament of United Canada is definitively established in Ottawa.

1863 - 1865

❖ *En 1863, Philippe-Joseph Aubert de Gaspé écrit* Les Anciens Canadiens, *considéré comme le premier classique du roman canadien-français.*

❖ *La Société entomologique du Canada est fondée .*

❖ *Angus McAskill, le plus grand géant de l'histoire dont l'état est non pathologique, décède à Englishtown en Nouvelle-Écosse.*

❖ *La Conférence de Charlottetown, point de départ de la Confédération, a lieu du 1er au 9 septembre 1864.*

❖ *La Conférence de Québec se tient du 10 au 27 octobre 1864.*

❖ *La première partie de rugby au Canada se déroule à Montréal en 1865.*

❖ *Le Parlement du Canada-Uni est établi définitivement à Ottawa.*

18

19

20
21

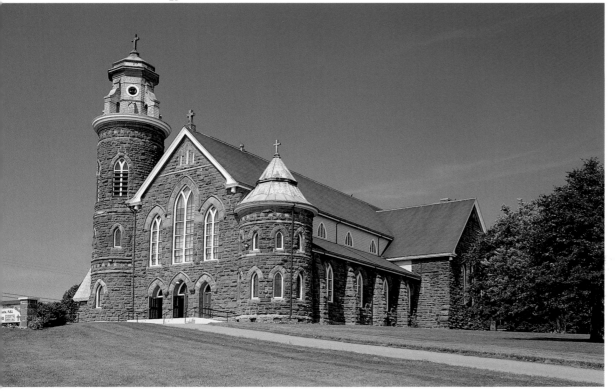

22

❖ The London Conference begins on December 4, 1866.

❖ François-Xavier Garneau, the most important historian of 19th-century French Canada, dies.

❖ German immigrant Theodore August Heintzman founds the Canadian piano manufacturing firm Heintzman & Co. Ltd. in Toronto.

❖ England reunites Vancouver Island with British Columbia.

1866

❖ *La Conférence de Londres débute le 4 décembre 1866.*

❖ *Mort de François-Xavier Garneau, important historien du Canada au XIXᵉ siècle.*

❖ *L'immigrant Allemand Theodore August Heintzman fonde, à Toronto, la maison de fabrication canadienne de piano Heintzman and Co. Ltd.*

❖ *L'Angleterre procède à la réunion de l'île de Vancouver et de la Colombie-Britannique.*

23

24

25

Solitude
Solitude

1

2

3

4
5

❖ Four rowers from Saint John, New Brunswick, become the first Canadians to win the world championship, in Paris.

❖ Emily Stowe becomes the first Canadian woman to practise medicine in Canada when she opens an office in Toronto.

❖ The Canadian Coast Guard is founded.

❖ The British North America Act (Constitution Act, 1867) is enacted, providing for Confederation of the Provinces of Canada (Ontario and Québec), Nova Scotia and New Brunswick.

❖ On October 9, 1867, William Jackman makes history with one of the greatest stories of heroism ever recorded, rescuing all 27 people from a fishing vessel that was being battered on a reef off the coast of Newfoundland.

❖ Belgian violinist Frantz Jehin-Prume becomes the first foreign musician of international renown to settle in Canada.

❖ John A. MacDonald becomes the first Prime Minister of Canada.

1867

❖ Quatre avironneurs canadiens de Saint-Jean au Nouveau-Brunswick remportent pour la première fois le championnat du monde à Paris, en 1867.

❖ Emily Stowe devient la première Canadienne à exercer la médecine au pays en ouvrant un cabinet à Toronto.

❖ La Garde côtière canadienne est créée.

❖ Promulgation de l'Acte de l'Amérique du Nord britannique (loi constitutionnelle de 1867) établissant la confédération de la Province du Canada (Ontario et Québec), de la Nouvelle-Écosse et du Nouveau-Brunswick.

❖ Le 9 octobre 1867, sur les côtes de Terre-Neuve, William Jackman accomplit l'un des plus grands actes d'héroïsme en sauvant les 27 personnes d'un bateau de pêche qui s'est échoué.

❖ Le violoniste belge Frantz Jehin-Prume est le premier musicien étranger de réputation internationale à s'établir au Canada.

❖ John A. MacDonald devient le premier premier ministre du Canada.

6

7

8

9

10

11

12

13

Whitehorse
Whitehorse

1

1	View of Whitehorse	*1*	*Vue sur Whitehorse*
2	Priscilla Smith, Kathleen Brown, Jeremy Harper, Lewette Graham and Jaylene Owlchild	*2*	*Priscilla Smith, Kathleen Brown, Jeremy Harper, Lewette Graham et Jaylene Owlchild*
3	Main street	*3*	*Rue principale*

2

3

4

5

❖ Canada's first stamp following Confederation, which features a profile of Queen Victoria, is issued in 1868.

❖ Thomas D'Arcy McGee is assassinated.

❖ Timothy Eaton founds The T. Eaton Company Ltd. and opens his first store in Toronto in 1869.

❖ Georges-Édouard Desbarats, the inventor of halftone photographic printing, founds the *Canadian Illustrated News*.

❖ The Métis of the Red River colony rise in rebellion and form a provisional government.

❖ Canada acquires Rupert's Land (Northwest Territories).

1868-1869

❖ *À la suite de la Confédération, le premier timbre canadien représentant le profil de la reine Victoria est émis en 1868.*

❖ *Thomas D'Arcy McGee est assassiné.*

❖ *Timothy Eaton fonde son entreprise (Eaton Ltd) et ouvre son magasin à Toronto en 1869.*

❖ *Georges-Édouard Desbarats, l'inventeur de la photographie en similigravure, fonde l'hebdomadaire* Canadian Illustrated News.

❖ *Les Métis de Rivière-Rouge se soulèvent et élisent un gouvernement provisoire.*

❖ *Le Canada fait l'acquisition des Territoires du Nord-Ouest (la Terre de Rupert).*

4	RCMP building	4	*Édifice de la Gendarmerie royale*
5	Museum	5	*Musée*
6	Information centre	6	*Centre d'information*
7	Inside City Hall	7	*Intérieur de l'hôtel de ville*

8

9

❖ The Dominion of Canada issues the first 5, 10, 25 and 50-cent coins in 1870.

❖ Anna Harriette Leonowens writes *The English Governess at the Siamese Court* in 1870 and, in 1872, *The Romance of the Harem*, which would become the basis for Margaret London's *Anna and the King of Siam* (1943) and the play *The King and I* (1951).

❖ Manitoba enters Confederation in 1870, becoming the fifth province of Canada.

❖ British Columbia enters Confederation in 1871, becoming the sixth province of Canada.

❖ In addition to being a zealous promoter of agricultural opportunities in the West, John Macoun becomes the most famous Canadian naturalist thanks to his impressive collection of native flora and fauna. The collection would later form the basis for the National Museum of Natural Sciences.

1870 - 1872

❖ *Le Dominion du Canada émet les premières pièces de 5, 10, 25 et 50 cents en 1870.*

❖ *Anna Harriette Leonowens rédige* The English Governess at the Siamese Court *et, en 1872,* The Romance of the Harem, *ouvrages constituant la base d'*Anna and the King of Siam *de Margaret London en 1943, et de la pièce* Le roi et moi *en 1951.*

❖ *Le Manitoba devient la cinquième province du Canada en 1870.*

❖ *La Colombie-Britannique devient la sixième province du Canada en 1871.*

❖ *En plus d'être un ardent promoteur des possibilités agricoles de l'Ouest en 1872, John Macoun devient le plus éminent naturaliste canadien grâce à son impressionnante collection de la flore et de la faune canadiennes qui servira à la fondation du Musée canadien des sciences naturelles.*

Groupings
Rassemblement

3

4

5   Louisbourg, Nova Scotia

6   Chef Jean Soulard in front of the Château Frontenac in Québec City

7   Fairlake Market, Ontario

8   King's Landing, New Brunswick

9   Market in Prince Albert, Saskatchewan

5   *Louisbourg, Nouvelle-Écosse*

6   *Le chef Jean Soulard devant le Château Frontenac à Québec*

7   *Marché Fairlake, Ontario*

8   *Kings Landing, Nouveau-Brunswick*

9   *Marché à Prince Albert, Saskatchewan*

❖ Prince Edward Island enters Confederation, becoming the seventh province of Canada.

❖ Sir George-Étienne Cartier, who helped reconcile French Canada to Confederation, dies in London.

❖ Georges-Édouard Desbarats and William Leggo found the *Daily Graphic*, the first daily paper to use photographic illustrations, in New York.

❖ Over 530 people die when the *Atlantic* hits Meagher's Rock off Nova Scotia on April 1, 1873.

❖ Scotsman Alexander Dennistoun founds Canada's first golf club in Montréal.

❖ The North-West Mounted Police is created.

❖ Elizabeth McDougall, née Boyd, becomes one of the first white women in the foothills of the Rockies, arriving in Morley, Alberta.

❖ Alexander Mackenzie becomes the second Prime Minister of Canada.

1873

❖ L'Île-du-Prince-Édouard devient la septième province du Canada en 1873.

❖ Sir George-Étienne Cartier, qui a contribué à rallier les Canadiens français à la Confédération, s'éteint à Londres.

❖ Georges-Édouard Desbarats et William Leggo fondent à New York le Daily Graphic, *premier quotidien à publier des photographies.*

❖ Plus de 530 personnes périssent quand l'Atlantic percute le récif de Meagher en Nouvelle-Écosse le 1er avril 1873.

❖ L'Écossais Alexander Dennistoun fonde le premier club de golf canadien à Montréal.

❖ La Police montée du Nord-Ouest est créée.

❖ Elizabeth McDougall, née Boyd, devient l'une des premières Blanches à vivre dans les contreforts des Rocheuses en s'installant à Morley (Alberta).

❖ Alexander Mackenzie devient le deuxième premier ministre du Canada.

10

11

12

- ❖ The Royal Military College of Canada is founded in Kingston in 1874.

- ❖ The Hospital for Sick Children is founded in Toronto in 1875, marking the beginning of pediatrics in Canada.

- ❖ The city of Calgary is founded.

- ❖ The Supreme Court of Canada is created.

- ❖ Jennie Kidd Trout becomes the first Canadian woman licensed to practise medicine in Canada.

- ❖ The North-West Mounted Police adopts "Uphold the Right" as its official motto.

- ❖ Grace Annie Lockhart receives a bachelor of English literature from Mount Allison College in Sackville, New Brunswick, becoming the first woman in the British Empire to earn a university degree.

1874 - 1875

- ❖ Le Royal Military College of Canada est fondé à Kingston en 1874.

- ❖ La fondation de l'Hospital for Sick Children de Toronto, en 1875, marque les débuts de la pédiatrie au Canada.

- ❖ La ville de Calgary est fondée.

- ❖ La Cour suprême du Canada est créée.

- ❖ Jennie Kidd Trout devient la première femme canadienne autorisée à pratiquer la médecine au Canada.

- ❖ La devise de la Police montée du Nord-Ouest , «Maintiens le droit», est adoptée officiellement.

- ❖ Grace Annie Lockhart termine son baccalauréat en littérature anglaise au Mount Allison College à Sackville et devient la première femme de l'Empire britannique à obtenir un diplôme universitaire.

13

14

15

16   Sheep in Upton, Prince Edward Island

17   Snow goose sanctuary, Québec

18   Juniper in Keels, Newfoundland

19   Lupines, New Brunswick

16   *Moutons à Upton, Île-du-Prince-Édouard*

17   *Sanctuaire d'oies blanches, Québec*

18   *Genévriers à Keels, Terre-Neuve*

19   *Lupins, Nouveau-Brunswick*

18

19

❖ Alexander Graham Bell invents the telephone in 1876.

❖ Canadian railway surveyor and construction engineer Sir Sandford Fleming completes construction of the Intercolonial Railway.

❖ The copper penny is issued in 1876.

❖ The first known Japanese immigrant, Manzo Nagano, arrives in Victoria in 1877.

❖ Canada's first hockey club is formed in Montréal.

1876 - 1877

❖ *Alexander Graham Bell invente le téléphone en 1876.*

❖ *L'ingénieur canadien du rail, sir Sandford Fleming, mène à terme la construction du chemin de fer Intercolonial.*

❖ *Le cent en bronze est émis en 1876.*

❖ *Le premier immigrant japonais connu, Manzo Nagano, s'installe à Victoria en 1877.*

❖ *Le premier club de hockey sur glace au Canada voit le jour à Montréal.*

22

23

24

British Columbia
Colombie-Britannique

1	Kelowna	*1*	*Kelowna*
2	Kamloops	*2*	*Kamloops*
3	Prince Rupert	*3*	*Prince Rupert*
4	Skaha Lake	*4*	*Skaha Lake*
5	Prince George	*5*	*Prince George*

3

4

5

6

7

8

190

9

10

10 Queen Charlotte Islands

11 Young indian, Kitwancool

12-13 Old Masset, Queen Charlotte Islands

10 *Îles de la Reine-Charlotte*

11 *Jeune indien, Kitwancool*

12-13 *Old Masset, îles de la Reine-Charlotte*

11

12

- ❖ Canada's first tennis match is held at Montréal's Cricket Club in 1878.

- ❖ Painter Charles Huot exhibits his work at the Universal Exposition of 1878, where the French government buys his painting *Le bon samaritain*.

- ❖ Silversmith Henry Birks opens his first store in Montréal in 1879.

- ❖ Joseph-Claver and Samuel-Marie Casavant found their famous organ-making company in Saint-Hyacinthe, Québec.

- ❖ The first Toronto Industrial Exhibition is held in 1879.

- ❖ Edward "Ned" Hanlan becomes Canada's first world rowing champion.

- ❖ The Québec City-Montréal-Ottawa railway line opens.

1878-1879

- ❖ *Le premier tournoi canadien de tennis se tient au Cricket Club de Montréal en 1878.*

- ❖ *Le peintre Charles Huot expose à l'Exposition universelle et vend* Le bon samaritain *au gouvernement français.*

- ❖ *L'orfèvre Henry Birks ouvre son premier magasin à Montréal en 1879.*

- ❖ *Joseph-Claver et Samuel-Marie Casavant fondent leur entreprise de facture d'orgues à Saint-Hyacinthe (Québec).*

- ❖ *La première Exposition industrielle de Toronto a lieu en 1879.*

- ❖ *Edward "Ned" Hanlan devient le premier champion mondial du Canada en étant le maître incontesté du canotage.*

- ❖ *La ligne de chemin de fer Québec-Montréal-Ottawa est ouverte.*

13

14

15

16

17

18

19

20	Al Carson, Information centre near Meziaden Lake	*20 Al Carson, Centre d'information près de Meziaden Lake*
21	Orchard near Osoyoos	*21 Verger près d'Osoyoos*
22	North of Salmon Arm	*22 North of Salmon Arm*
23	Dall sheep, Alaska Highway	*23 Mouflons de Dall, Alaska Highway*
24	Okanagan Valley	*24 Vallée de l'Okanagan*
25	General store, Coombs	*25 Magasin général à Coombs*

23

24

- The Imperial Oil Co. is incorporated in 1880.

- The Royal Canadian Academy of Arts (precursor to the National Gallery) is founded, with a single female charter member, Charlotte Mount Brock Schreiber.

- *L'Électeur* de Québec, whose name was changed to *Le Soleil* in 1896, is founded.

- George Stephen, the 1st Baron Mount Stephen, becomes the first president of the Canadian Pacific Railway.

- The national anthem "O Canada!" is performed for the first time at a banquet at the skaters' pavilion in Québec City on June 24, 1880.

- In 1881, Kicking Horse Pass is chosen for the CPR link between the Prairies and coastal British Columbia.

1880-1881

- *La Compagnie pétrolière impériale ltée est créée en 1880.*

- *L'Académie royale canadienne des arts (Galerie nationale) dont la seule femme membre-fondateur est Charlotte Mount Brock Schreiber est fondée.*

- *Le journal L'Électeur de Québec, qui deviendra Le Soleil en décembre 1896, est fondé.*

- *George Stephen, premier baron Mount Stephen, devient le premier président du Canadian Pacific Railway.*

- *Le Ô Canada est interprété pour la première fois lors d'un banquet de patineurs à Québec le 24 juin 1880.*

- *En 1881, le col du Cheval-qui-Rue est choisi par le CP pour relier les Prairies au littoral de la Colombie-Britannique.*

25

❖ The city of Regina is founded in 1882.

❖ The Governor General of Canada, John Douglas Sutherland Campbell, the Marquess of Lorne, founds the Royal Society of Canada.

❖ Ethnologist Marius Barbeau, who would go on to become the founder of professional folklore studies, is born in 1883.

❖ Pisciculturist Samuel Wilmot wins a gold prize at the International Fisheries Exhibition for a working model of his fish hatchery.

❖ Abraham Groves performs the first successful appendectomy in North America on May 10, 1883.

1882 - 1883

❖ La ville de Regina est fondée en 1882.

❖ Le gouverneur-général du Canada, John Douglas Sutherland Campbell, marquis de Lorne, fonde la Société royale du Canada.

❖ L'ethnologue Marius Barbeau, qui deviendra le fondateur des études professionnelles en folklore au Canada, naît en 1883.

❖ Samuel Wilmot remporte la médaille d'or à l'International Fisheries Exhibition pour ses établissements piscicoles.

❖ Abraham Groves pratique avec succès la première appendicectomie en Amérique du Nord le 10 mai 1883.

29

30

31

26	Sidney	26	*Sidney*
27	Melvin and Robin Good	27	*Melvin et Robin Good*
28	John Rosek, Prince George	28	*John Rosek, Prince George*
29	Stuart	29	*Stuart*
30	Lake Shuswap	30	*Lake Shuswap*
31	Rogers Pass peaks	31	*Sommets Rogers Pass*

Resting
Repos

1	Plains of Abraham, Québec City, Québec
2	Charlottetown, Prince Edward Island
3	Camping, Queen Charlotte Islands, British Columbia
4	Ontario

1	*Plaines d'Abraham, ville de Québec, Québec*
2	*Charlottetown, Île-du-Prince-Édouard*
3	*Camping, îles de la Reine-Charlotte, Colombie-Britannique*
4	*Ontario*

5

6

7

8

- ❖ Montréal's daily *La Presse* is founded in 1884.

- ❖ Sir Sandford Fleming, Canada's foremost railway surveyor, plays a major role in the adoption of a system of international standard time.

- ❖ James Fletcher is appointed Canada's first official entomologist and botanist.

- ❖ Métis leader Louis Riel, founder of Manitoba and central figure in the North-West Rebellion, is executed in Regina in 1885.

- ❖ Banff National Park, Canada's first national park, is created in 1885.

- ❖ Donald Smith drives the last spike in the Canadian Pacific Railway.

- ❖ During the North-West Rebellion, surgeon George Sterling Ryerson uses a makeshift red cross to protect his horse-drawn ambulance, thus founding the Red Cross movement in Canada.

- ❖ Alexander Kirkwood proposes the creation of Algonquin Provincial Park, Ontario's oldest provincial park, which would be established in 1893.

1884-1885

- ❖ *Le quotidien* La Presse *est fondé à Montréal en 1884.*

- ❖ *Sir Sandford Fleming, le plus grand inspecteur ferroviaire du Canada, joue un rôle majeur dans l'adoption du système international d'heure normale.*

- ❖ *James Fletcher devient le premier entomologiste et botaniste du Canada.*

- ❖ *Louis Riel, fondateur du Manitoba et chef métis de la rébellion du Nord-Ouest, est exécuté à Regina en 1885.*

- ❖ *Le parc national de Banff, premier parc national du Canada, est créé en 1885.*

- ❖ *Donald Smith pose le dernier crampon du chemin de fer du Canadien Pacifique.*

- ❖ *Lors de la rébellion du Nord-Ouest, le chirurgien George Sterling Ryerson fabrique une croix rouge pour protéger son ambulance tirée par un cheval et fonde ainsi la Croix-Rouge canadienne.*

- ❖ *Alexandre Kirkwood propose l'établissement du Parc algonquin en Ontario, premier parc provincial à voir le jour en 1893.*

9

10 Raymond Fitzgerald, Keels, Newfoundland

11 Young bald eagle, Queen Charlotte Islands, British Columbia

12 Thétis in a field of flowers, Beauce, Québec

13 Port of Sidney, British Columbia

14 Fishermen, Causapscal, Québec

10 *Raymond Fitzgerald, Keels, Terre-Neuve*

11 *Jeune pygargue à tête blanche, îles de la Reine-Charlotte, Colombie-Britannique*

12 *Thétis dans un champ de fleurs, Beauce, Québec*

13 *Port de Sidney, Colombie-Britannique*

14 *Pêcheurs, Causapscal, Québec*

12
13

14

St. John's
St. John's

1	Residential district	1	*Quartier résidentiel*
2	View of St. John's	2	*Vue sur St. John's*
3	Gowerstreet	3	*Gowerstreet*
4	View of St. John's at night	4	*Vue sur St. John's le soir*

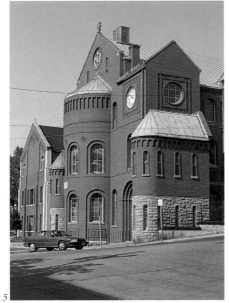

5

6

7

VICTORIA HALL

- Pope Leo XIII names Elzéar-Alexandre Taschereau Canada's first cardinal.

- The Transcontinental Railway is inaugurated.

- The Riverdale Zoo in Toronto, Canada's first, is established in 1887.

- Canada adopts its first environmental law aimed at protecting a natural site: Banff National Park in the Rocky Mountains.

- Angus MacKay sets up the first experimental farm in Western Canada in 1888 and introduces the practise of summer fallow to improve harvests.

- Eliza Ritchie graduates from Cornell University in 1889, becoming the first Canadian woman to receive a doctorate.

- Sir Casimir Stanislaus Gzowski becomes president of the Canadian Society of Civil Engineers, of which he is a charter member.

1886 - 1889

- *Elzéar-Alexandre Taschereau devient le premier cardinal canadien nommé par le pape Léon XIII.*

- *Le chemin de fer Transcontinental est inauguré.*

- *Le zoo Riverdale de Toronto, premier zoo canadien, est créé en 1887.*

- *La première loi canadienne visant à protéger un lieu, le parc des Rocheuses (Banff), est adoptée.*

- *Angus MacKay organise la première ferme expérimentale de l'Ouest canadien en 1888 et introduit la pratique de la jachère qui permet ainsi de meilleures récoltes.*

- *Eliza Ritchie devient la première Canadienne à recevoir un doctorat en obtenant son diplôme de l'université Cornell en 1889.*

- *Sir Casimir Stanislaus Gzowski devient président de la Société canadienne des ingénieurs civils dont il a été membre-fondateur.*

8

9

❖ In 1890, Sir Robert Gillespie Reid begins construction of a railway across the island of Newfoundland.

❖ The group that would become the Royal Astronomical Society of Canada obtains a charter in 1890.

❖ Lawyer and jurist Robert Sedgewick drafts the *Bills of Exchange Act*, the first codified legislation in Canada, and with Judge Burbidge, the Canadian Criminal Code, the first legislation of its kind in the British Empire.

❖ In 1891, A. Harris, Son and Co. Ltd. merges with Massey Manufacturing Co. to become Massey-Harris Co. Ltd. (renamed Massey Ferguson Ltd.), the largest Canadian manufacturer of farm machinery.

❖ Sir John Joseph Caldwell Abbott becomes the third Prime Minister of Canada.

❖ Canadian James A. Naismith invents basketball.

❖ Sir William Cornelius Van Horne, founder of CP Hotels, launches the Empress line of Pacific steamships, which run between Vancouver and Hong Kong.

1890 - 1891

❖ *Sir Robert Gillespie Reid entreprend en 1890 la construction d'une ligne ferroviaire qui traversera l'île de Terre-Neuve.*

❖ *L'Astronomical and Physical Society of Toronto est créé et deviendra la Société royale d'astronomie du Canada en 1903.*

❖ *L'avocat Robert Sedgewick rédige* Bills of Exchange Act, *première législation codifiée au Canada et réalise, en collaboration avec le juge Burbidge, le Code criminel du Canada, première législation du genre de tout l'Empire britannique.*

❖ *En 1891, la A. Harris, Son and Co. fusionne avec la Massey Manufacturing Co. pour former la Massey-Harris Co. Ltd (plus tard la Massey Ferguson Ltd), le plus important fabricant d'outillage agricole du Canada.*

❖ *Sir John Joseph Caldwell Abbott devient le troisième premier ministre du Canada.*

❖ *Le Canadien James A. Naismith invente le basket-ball.*

❖ *Sir William Cornelius Van Horne, fondateur des hôtels du CP, lance la ligne Empress des bateaux Pacific naviguant entre Hong Kong et Vancouver.*

12

13

14

- Strongman Louis Cyr wins the world weightlifting championship in 1892.

- Sir John Sparrow Thompson becomes the fourth Prime Minister of Canada.

- The *Toronto Star* is established.

- The Château Frontenac hotel is built in Québec City in 1892.

- The National Council of Women of Canada is founded in 1893.

- The Governor General, Lord Stanley, donates the Stanley Cup for presentation to amateur hockey champions of Canada.

1892 - 1893

- Louis Cyr gagne en 1892 le championnat du monde en haltérophilie.

- Sir John Sparrow Thompson devient le quatrième premier ministre du Canada.

- Le Toronto Star *est fondé.*

- Le Château Frontenac de Québec est construit en 1892.

- Le Conseil national des femmes du Canada est fondé en 1893.

- Le gouverneur général, lord Stanley, offre la coupe Stanley pour honorer les champions du hockey au Canada.

17

Moving
Déplacement

1

2

3

5

6

❖ Sir Mackenzie Bowell becomes the fifth Prime Minister of Canada in 1894.

❖ Labour Day is celebrated for the first time in Canada in 1894.

❖ The first Hamilton "Around-the-Bay" race, North America's oldest long-distance race, is run in 1894.

❖ The book *Beautiful Joe* by Margaret Marshall Saunders is the first Canadian book to sell more than a million copies.

❖ In 1895, Phillop Abbott falls while climbing Mount Lefroy above Lake Louise, becoming North America's first mountaineering casualty.

1894 - 1895

❖ *Sir Mackenzie Bowell devient le cinquième premier ministre du Canada en 1894.*

❖ *La première célébration canadienne de la fête du Travail se tient en 1894.*

❖ *La première course «Around-the-Bay» de Hamilton, longue de plus de 30 km et la plus ancienne en son genre en Amérique du Nord, a lieu en 1894.*

❖ *Le livre* Beautiful Joe *de la romancière Margaret Marshall Saunders est le premier livre canadien vendu à plus d'un million d'exemplaires.*

❖ *En 1895, Phillop Abbott tombe en escaladant le mont Lefroy au lac Louise et devient la première victime de l'escalade en montagne en Amérique du Nord.*

4	Fort Nelson Museum, British Columbia	4	*Musée Fort Nelson, Colombie-Britannique*
5	Moving toward Gros Morne, Newfoundland	5	*Dans la direction de Gros Morne, Terre-Neuve*
6	Nipigon, Ontario	6	*Nipigon, Ontario*
7	Ferry, British Columbia	7	*Traversier, Colombie-Britannique*
8	Pugwash, Nova Scotia	8	*Pugwash, Nouvelle-Écosse*

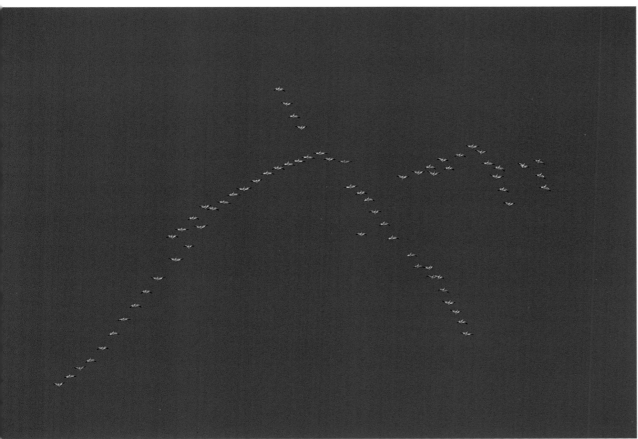

- ❖ Soprano Emma Albani (Lajeunesse) retires from the opera stage in 1896, after singing 43 leading roles.

- ❖ Canada's first film projection takes place in Ottawa.

- ❖ George Carmack touches off the Klondike gold rush on August 17, 1896, when he discovers gold on a tributary of the Klondike River.

- ❖ Sir Charles Tupper becomes the sixth Prime Minister of Canada.

- ❖ Sir Wilfred Laurier becomes the seventh Prime Minister of Canada.

- ❖ Ann Augusta Stowe-Gullen, daughter of Emily Stowe, is the first woman to earn a medical degree in Canada.

- ❖ Jack McCulloch of Winnipeg wins the world speed skating championship in Montréal in 1897.

1896-1897

- ❖ La soprano Emma Albani (Lajeunesse) fait ses adieux à la scène en 1896 après avoir chanté 43 premiers rôles.

- ❖ La première projection cinématographique au Canada a lieu à Ottawa.

- ❖ Au Yukon, la ruée vers l'or débute le 17 août 1896 quand George Carmack découvre un gisement aurifère dans un affluent de la rivière Klondike.

- ❖ Sir Charles Tupper devient le sixième premier ministre du Canada.

- ❖ Sir Wilfrid Laurier devient le septième premier ministre du Canada.

- ❖ Ann Augusta Stowe-Gullen, fille d'Emily Stowe, est la première femme à obtenir un diplôme de médecine au Canada.

- ❖ Jack McCulloch de Winnipeg remporte le championnat mondial de patinage de vitesse tenu à Montréal en 1897.

9	Clyde River, Prince Edward Island	*9*	*Clyde River, Île-du-Prince-Édouard*
10	Bighorn, Alberta	*10*	*Mouflon, Alberta*
11	Snow geese, Sainte-Foy, Québec	*11*	*Oies blanches, Sainte-Foy, Québec*
12	Upper Canada Village, Ontario	*12*	*Upper Canada Village, Ontario*
13	Nathalie, Ken, Jessica and Christopher in Pyramid Lake, Alberta	*13*	*Nathalie, Ken, Jessica et Christopher à Pyramide Lake, Alberta*

17

In 1898, harness racer Dave McClary sets a record by being the first to drive a mile (1.6 km) in less than two minutes.

The Yukon is made a separate territory from the Northwest Territories.

Dawson City is named the capital of the Yukon Territory.

Ernest Thompson Seton publishes his famous collection of animal stories *Wild Animals I Have Known*.

The first encyclopedic work entirely on Canada, entitled *Canada: An Encyclopædia of the Country*, is produced.

Archibald Lampman, considered Canada's finest late 19th-century English poets, dies in 1899.

The first contingent of Canadian volunteers sets sail for South Africa to take part in the war (Boer) between Britain and two Afrikaner republics of South Africa.

Sir John William Dawson, the first Canadian-born scientist of international renown, dies in 1899.

1898-1899

En 1898, le jockey Dave McClary est le premier à courir le mille (1,6 km) en moins de deux minutes.

Le Yukon est créé grâce au retranchement d'une partie des Territoires du Nord-Ouest.

La ville de Dawson devient la capitale du Yukon.

Le célèbre recueil d'histoires d'animaux d'Ernest Thompson Seton, Wild Animals I Have Known, *est publié.*

La première encyclopédie du Canada, Canada: An Encyclopædia of the Country, *est réalisée.*

Archibald Lampman, plus grand des poètes canadiens de la fin du XIXe siècle, meurt en 1899.

Le premier contingent de volontaires canadiens part pour l'Afrique du Sud afin de participer à la guerre entre l'Angleterre et les républiques afrikaners d'Afrique du Sud.

Sir John William Dawson, premier homme de sciences canadien connu mondialement, meurt en 1899.

18

19

20	Atlin, British Columbia	20	*Atlin, Colombie-Britannique*
21	Tanquary Fjord, Nunavut	21	*Tanquary Fjord, Nunavut*
22	Torngat Mountains, Nouveau-Québec	22	*Monts Torngat, Nouveau-Québec*
23	Watson Lake, Yukon	23	*Watson Lake, Yukon*

Saskatoon
Saskatoon

3

4

5

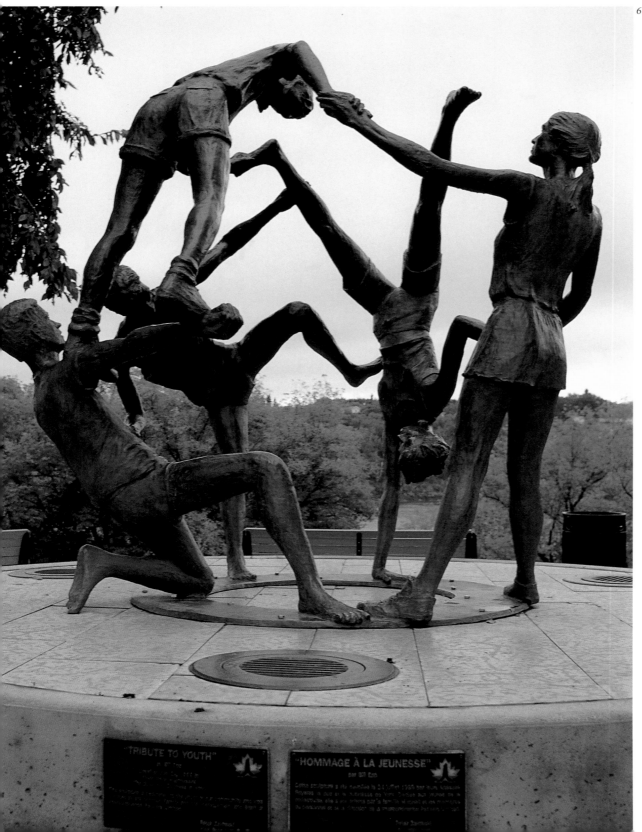

6

- In 1900, Canadian troops distinguish themselves in the battle at Paardeberg (Boer War), winning the first major victory for Britain.

- Alphonse Desjardins founds the first *Caisse populaire*, or people's bank, in Lévis.

- The first Canadian records are recorded in Montréal by Berliner Gramophone.

- The YMCA introduces volleyball to Canada.

- The Art Museum of Toronto, renamed the Art Gallery of Toronto in 1919 and, in 1966, the Art Gallery of Ontario, is founded in 1900.

- In 1901, on Signal Hill in Newfoundland, Italian inventor Guglielmo Marconi received the world's first radio transmission, sent in Morse code from England.

- Canada's first aluminum smelter, owned by the Northern Aluminum Company, opens in Shawinigan.

1900-1901

- En 1900, les Canadiens se distinguent à la bataille de Paardeberg (guerre des Boers) et permettent une première victoire britannique d'importance.

- Alphonse Desjardins fonde, à Lévis, la première caisse populaire.

- Les premiers disques canadiens sont enregistrés à Montréal par la compagnie Berliner Gramophone.

- Le YMCA introduit le volley-ball au Canada.

- L'Art Museum de Toronto, qui deviendra l'Art Gallery de Toronto en 1919, puis le Musée des beaux-arts de l'Ontario en 1966, est fondé en 1900.

- En 1901, à Signal Hill (Terre-Neuve), l'Italien Guglielmo Marconi reçoit de l'Angleterre la première transmission radio sans fil du monde en code morse.

- La première usine d'aluminium du Canada, la Northern Aluminum Co., est inaugurée à Shawinigan.

"TRIBUTE TO YOUTH"   "HOMMAGE À LA JEUNESSE"

7

8

9

Yellow
Jaune

1   Alberta

2   Near the boundary, Alberta

3   Prince Edward Island

4   Manitoba

5   Near Drumheller, Alberta

1   *Alberta*

2   *Près de la frontière, Alberta*

3   *Île-du-Prince-Édouard*

4   *Manitoba*

5   *Vers Drumheller, Alberta*

6

7

8

9

10

11

- The Canadian Federation of Labour is founded in 1902.

- The first oil field is discovered in Alberta.

- Sir Clifford Sifton promotes immigration to settle the Prairies by seeking out settlers in the United States, Britain and Europe.

- Montréal's Hôpital Sainte-Justine is founded in 1903.

- Roald Amundsen sets off in the *Gjoa* to become the first person to navigate across the top of North America.

- Canada's first automobile club is created in Hamilton.

- The *Edmonton Journal* is founded as the *Evening Journal* in 1903.

1 9 0 2 - 1 9 0 3

- *La Fédération canadienne du travail est fondée en 1902.*

- *La première découverte de pétrole a lieu en Alberta.*

- *Sir Clifford Sifton fait promouvoir l'immigration en vue de coloniser les Prairies en recrutant des pionniers aux États-Unis, en Angleterre et en Europe.*

- *L'Hôpital Sainte-Justine de Montréal est fondé en 1903.*

- *Roald Amundsen entreprend à bord du Gjoa son périple pour devenir le premier à traverser le Canada par le Nord.*

- *Le premier club automobile du Canada est créé à Hamilton.*

- *L'Edmonton Journal (Evening Journal) est fondé en 1903.*

Manitoba
Manitoba

1

2

3

4

1	Louis Riel Monument, Saint-Boniface	*1*	*Monument Louis-Riel, Saint-Boniface*
2	St. Andrew Anglican Church, Lockport	*2*	*Église anglicane St. Andrew, Lockport*
3	Irishman Garny Woods, Ukrainian Ken Germain and French Canadian Joël Desrosiers, Winnipeg	*3*	*L'Irlandais Garny Woods, l'Ukrainien Ken Germain et le Franco-canadien Joël Desrosiers, Winnipeg*
4	Louis Riel Museum and Monument, Saint-Boniface	*4*	*Musée et monument Louis-Riel, Saint-Boniface*

6

5	Near Birtle	5	*Près de Birtle*
6	Near Hecla Island	6	*Vers Hecla Island*
7	Pioneer home, Eriksdale	7	*Maisons de pionniers, Eriksdale*
8	Riverton	8	*Riverton*
9	Steinbach	9	*Steinbach*

7

8

With Massenet's help, soprano Pauline Donalda debuts in Nice in 1904.

Étienne Desmarteau is the first Canadian to win an Olympic gold medal in weight-throwing events, at the 1904 Saint-Louis Games.

The Ford Motor Company opens an assembly plant in Windsor, Ontario, marking the beginning of the automotive industry in Canada.

Ella Cora Hind, the first western woman journalist, becomes president of the Canadian Women's Press Club.

St. Lawrence Islands National Park, Canada's smallest, stretching from Brockville to Kingston, is established.

The provinces of Alberta and Saskatchewan are created and enter Confederation in 1905.

John Bayne Maclean purchases the *Busy Man's Magazine*, renamed *Maclean's* in 1911.

1904-1905

Massenet fait débuter le soprano Pauline Donalda à Nice en 1904.

Dans la compétition du lancer du poids aux Jeux olympiques de Saint-Louis en 1904, Étienne Desmarteau est le premier Canadien à remporter une médaille d'or.

Les débuts de l'industrie automobile au Canada sont marqués par l'implantation d'une usine d'assemblage Ford à Windsor en Ontario.

La première femme journaliste de l'Ouest, Ella Cora Hind, accède à la présidence du Canadian Women's Press Club.

Le plus petit parc national du Canada s'étendant de Brockville à Kingston, celui des Îles-du-Saint-Laurent, est créé.

Les provinces de l'Alberta et de la Saskatchewan sont créées et font partie de la Confédération en 1905.

John Bayne Maclean achète le magazine Busy Man's Magazine *qui deviendra* Maclean's *en 1911.*

9

❖ The *Atlas of Canada*, one of the world's first national atlases, is published in 1906.

❖ Boxer Tommy Burns beats Marvin Hart to become the first Canadian to win the world heavyweight championship.

❖ Léo-Ernest Ouimet opens Montréal's first movie theatre, the Ouimetoscope.

❖ On Christmas Eve, 1906, Reginald Fessenden makes the first public broadcast of music and voice.

❖ Hydro Ontario is established.

❖ John McClelland founds the publishing company McClelland and Stewart Limited.

1 9 0 6

❖ *L'Atlas of Canada, l'un des premiers atlas nationaux du monde, est publié en 1906.*

❖ *Le boxeur Tommy Burns est le premier Canadien à mériter le championnat mondial des poids lourds en battant Marvin Hart.*

❖ *Léo-Ernest Ouimet inaugure le premier cinéma de Montréal, le Ouimetoscope.*

❖ *Le 25 décembre 1906, Reginald Fessenden réalise la première radiodiffusion publique musicale et vocale.*

❖ *Hydro Ontario est créée.*

❖ *John McClelland fonde la maison d'éditions McClelland and Stewart.*

Similarities
Similitude

2

1

1 United Church, Owen Sound, Ontario	1 *United Church, Owen Sound, Ontario*
2 Sainte-Anne-de-Beaupré Basilica, Québec	2 *Basilique Sainte-Anne-de-Beaupré, Québec*
3 Notre-Dame-du-Cap Sanctuary, Québec	3 *Sanctuaire Notre-Dame-du-Cap, Québec*
4 St. Jacob Mennonite Church, Ontario	4 *Église mennonite St. Jacob, Ontario*

❖ The book *Anne of Green Gables* by Lucy Maud Montgomery is published in Boston.

❖ Frederick Walker Baldwin is the first British subject to pilot an aircraft.

❖ Ernest Rutherford, Baron Rutherford of Nelson, receives the Nobel Prize in chemistry for his work at McGill University.

❖ Robert Kerr wins the gold medal in the 220 yard race at the London Olympics.

❖ Walter Ewing, Georges Patrick Généreux and Gérald Ouellette win the gold medal in pistol shooting at the London Olympics.

❖ Québec City celebrates its 300th anniversary.

1908

❖ *Le roman* Anne of Green Gables, *de Lucy Maud Montgomery, est édité à Boston en 1908.*

❖ *Frederick Walker Baldwin est le premier sujet britannique à piloter un avion.*

❖ *Ernest Rutherford, baron de Nelson, reçoit en 1908 le prix Nobel de chimie pour ses travaux à l'université McGill.*

❖ *Robert Kerr remporte la médaille d'or aux 220 verges aux Jeux olympiques de Londres.*

❖ *Walter Ewing, Georges Patrick Généreux et Gérald Ouellette sont médaillés d'or olympiques au tir au pistolet.*

❖ *La ville de Québec célèbre les fêtes de son tricentenaire.*

7

8

9

10

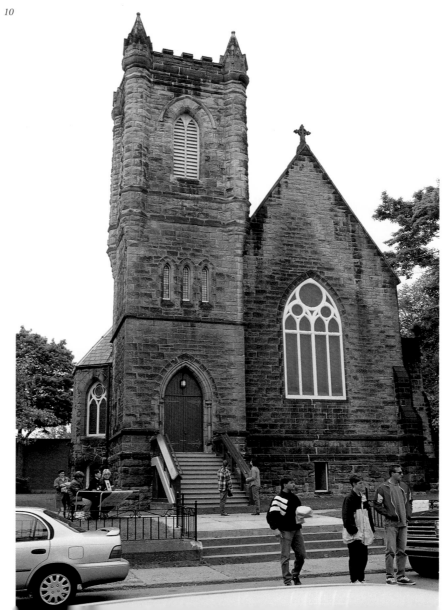

❖ In 1909, Joseph-Elzéar Bernier unveils a plaque on Melville Island, officially claiming the Arctic Islands for Canada.

❖ The Governor General, Lord Grey, donates the Grey Cup for football supremacy in Canada.

❖ On February 23, 1909, J.A.D. McCurdy flies over Baddeck Bay, Nova Scotia, the first controlled flight in Canada.

❖ Sir Charles Edward Saunders introduces Marquis wheat to the Canadian West, thus enabling the large commercial production of high-quality bread wheat in Canada.

❖ Henri Bourassa founds the newspaper *Le Devoir* in 1910.

❖ The Royal Canadian Navy is established on May 4, 1910.

❖ On March 5, 1910, an avalanche at Bear Creek in Rogers Pass buries 62 of the 63 men working on the CPR main line.

❖ Arctic explorer Vilhjalmur Stefansson "discovers" Eskimos on Victoria Island.

1909-1910

❖ *Joseph-Elzéar Bernier dévoile en 1909 une plaque dans l'île Melville proclamant officiellement la possession du Canada sur les îles de l'Arctique.*

❖ *Le gouverneur général, lord Grey, offre la coupe Grey qui couronnera l'équipe championne de football au Canada.*

❖ *J.A.D. McCurdy effectue le premier vol contrôlé au Canada en survolant la baie de Baddeck en Nouvelle-Écosse le 23 février 1909.*

❖ *Sir Charles Edward Saunders introduit le blé Marquis dans l'Ouest canadien et permet ainsi la production massive de blé panifiable de première qualité au Canada.*

❖ *Henri Bourassa fonde le journal* Le Devoir *en 1910.*

❖ *La Marine royale du Canada est créée le 4 mai 1910.*

❖ *L'avalanche qui se produit à Bear Creek, dans le col Rogers, ensevelit 62 des 63 travailleurs du chemin de fer du CP le 5 mars 1910.*

❖ *L'explorateur de l'Arctique Vilhjalmur Stefansson rencontre les Esquimaux de l'île Victoria.*

❖ *Le nageur George Ritchie Hodgson devient champion olympique canadien en natation en gagnant l'or aux 400 mètres et aux 1500 mètres style libre aux Jeux olympiques de Stockholm.*

19

20

21

24

25

26

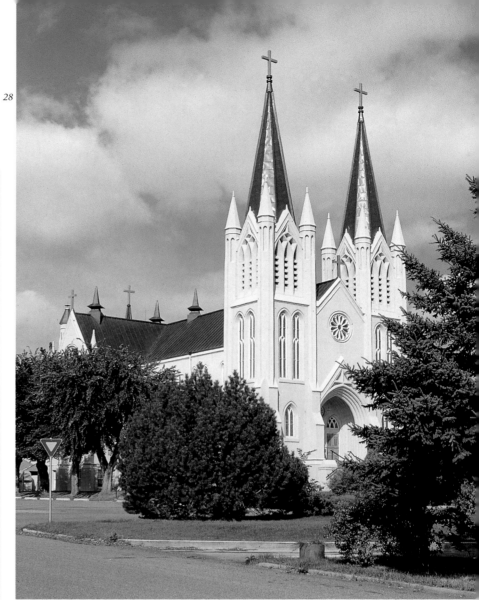

27

28

29

Fredericton
Fredericton

3

1   Architectural detail   *1*   *Détail architectural*

2   Parliament   *2*   *Parlement*

3   Inside the Parliament Buildings   *3*   *Intérieur du Parlement*

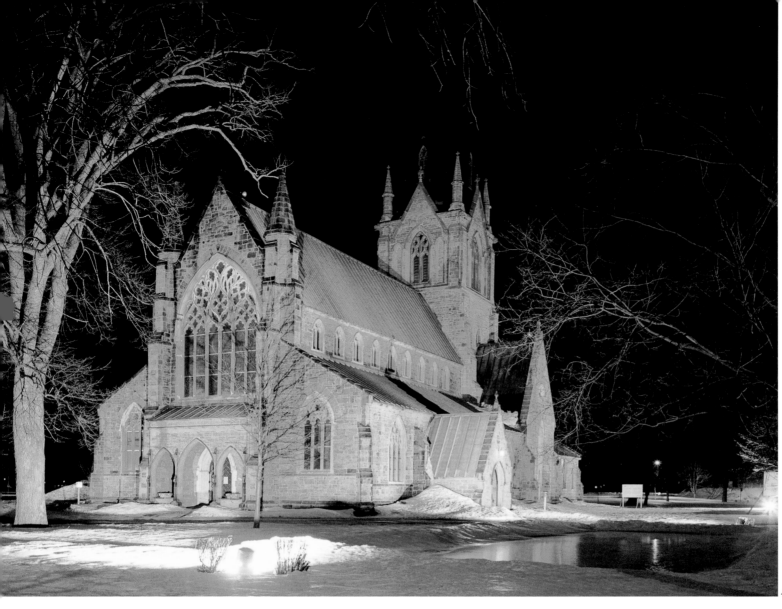

4

5

- 3954-m Mount Robson, the highest peak in the Rockies, is successfully climbed for the first time.

- Senior Officer John M. Bruant becomes the first person to die in an aircraft accident in Canada when his seaplane crashes in Victoria on August 6, 1913.

- Entomologist Edmund Murton Walker and T.B. Kurata discover "ice-bugs" on Sulphur Mountain, Alberta.

- The National Gallery of Canada joins the other national galleries of the British Empire.

1913

- *Les 3 954 mètres du mont Robson, sommet le plus élevé des Rocheuses, sont escaladés avec succès pour la première fois en 1913.*

- *L'officier supérieur John M. Bruant est la première personne à mourir dans un accident d'avion au Canada quand son hydravion Curtiss s'écrase à Victoria le 6 août 1913.*

- *L'entomologiste Edmund Murton Walker et T.B. Kurata découvrent des "insectes de glace" sur le mont Sulphur en Alberta.*

- *Le Musée des beaux-arts du Canada devient un musée national de l'Empire britannique.*

9

- ❖ Architect Ernest Cormier, whose major work is the Université de Montréal, built between 1924 and 1950, wins the Grand Prix de Rome.

- ❖ The passenger liner *Empress of Ireland* sinks in the St. Lawrence River on May 29, 1914, killing 1014 people.

- ❖ The Royal Ontario Museum first opens its doors.

- ❖ The first important coal-mine disaster in Canadian history occurs at Hillcrest, Alberta, when 189 men are killed in an explosion on June 19, 1914.

- ❖ Canada enters the First World War on August 4, 1914, alongside England.

- ❖ The Government of Canada adopts the War Measures Act.

- ❖ Women win the right to vote in Toronto's municipal elections.

1914

- ❖ *L'architecte Ernest Cormier, dont l'œuvre majeure a été la construction de l'université de Montréal de 1924 à 1950, remporte le Grand Prix de Rome.*

- ❖ *Le paquebot* Empress of Ireland *coule dans le Saint-Laurent le 29 mai 1914 en emportant avec lui 1014 personnes.*

- ❖ *Le Royal Ontario Museum est inauguré officiellement.*

- ❖ *Le premier accident important dans une mine au Canada a lieu le 19 juin 1914 à Hillcrest en Alberta, quand 189 hommes périssent à la suite d'une explosion.*

- ❖ *Le Canada entre dans la Première Guerre mondiale aux côtés de l'Angleterre le 4 août 1914.*

- ❖ *La Loi sur les mesures de guerre est adoptée par le gouvernement canadien.*

- ❖ *Les femmes ont le droit de vote lors des élections municipales de Toronto.*

10

11

8-11 Districts in Fredericton   *8-11 Quartiers de Fredericton*

Light
Lumière

1

2

3

4

5

6

- In 1915, Canadian soldiers take part in the first major battle of World War I, in Ypres, Belgium.

- Dr. Cluny Macpherson is decorated for his invention of the gas helmet to provide protection against poison gas.

- Stephen Leacock becomes the English-speaking world's best-known humorist.

- The National Research Council of Canada is formed in 1916.

- On July 29, 1916, a major forest fire burns down the Ontario towns of Cochrane and Matheson, killing at least 228 people.

- The neogothic Library of Parliament in Ottawa is the only structure of the original Parliament buildings left after a spectacular fire in 1916.

- Emily Gowan Murphy is appointed police magistrate for Edmonton, the first woman magistrate in the British Empire.

1915 - 1916

- *En 1915, les Canadiens prennent part à une première grande bataille au cours du premier conflit mondial, à Ypres en Belgique.*

- *Le médecin Cluny Macpherson est décoré pour avoir découvert un casque contre les gaz toxiques.*

- *Stephen Leacock devient l'humoriste le mieux connu du monde anglophone.*

- *Le Conseil national de recherches est créé en 1916.*

- *Un immense incendie de forêt rase les villes ontariennes de Cochrane et de Matheson et cause la mort d'au moins 228 personnes, le 29 juillet 1916.*

- *La bibliothèque du Parlement à Ottawa, de construction néogothique, est la seule pièce d'origine qui échappe à l'incendie de 1916.*

- *Emily Gowan Murphy devient la première femme magistrat de la police d'Edmonton et de l'Empire britannique.*

12

13

14

- ❖ The Canadian Press is founded.

- ❖ William Avery Bishop is the first Canadian airman to win the Victoria Cross.

- ❖ The central tower of the Parliament buildings is rebuilt and, in 1933, is renamed the Peace Tower.

- ❖ On December 6, 1917, a powerful explosion shakes Halifax, causing $35 million in damages and killing over 1600 people.

- ❖ Canadian soldiers take part in the battle at Vimy Ridge during World War I.

- ❖ The National Hockey League is formed in Montréal.

- ❖ Sir Arthur William Currie is the first Canadian-appointed commander of the Canadian Corps.

1917

- ❖ *La Presse Canadienne est créée en 1917.*

- ❖ *William Avery Bishop est le premier pilote canadien à être décoré en recevant la Croix de Victoria.*

- ❖ *La tour centrale du Parlement à Ottawa est reconstruite et sera baptisée Tour de la paix en 1933.*

- ❖ *Le 6 décembre 1917, Halifax est secouée par une puissante explosion qui cause 35 millions de dollars de dégâts et la mort de plus de 1 600 personnes.*

- ❖ *Les Canadiens participent à la bataille de Vimy lors de la Première Guerre mondiale.*

- ❖ *La ligue nationale de hockey est créée à Montréal.*

- ❖ *Sir Arthur William Currie est le premier Canadien nommé commandant du Corps canadien.*

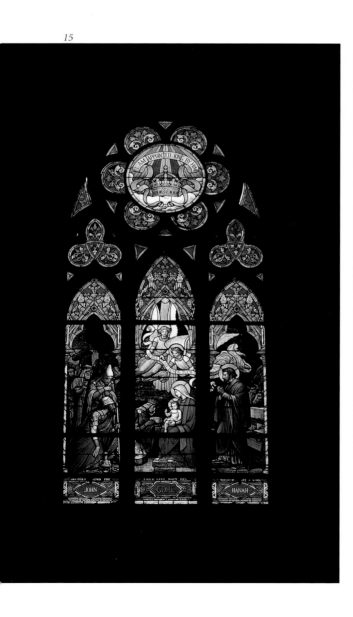

15 Stained-glass window, Guelph, Ontario

16 Entrance hall, Château Montebello, Québec

17 Saint-Boniface Church, Manitoba

18 Ceiling of the National Gallery of Canada, Ontario

15 *Vitrail à Guelph, Ontario*

16 *Foyer au Château Montebello, Québec*

17 *Église Saint-Boniface, Manitoba*

18 *Plafond au Musée des beaux-arts du Canada, Ontario*

5

6

- Fighter pilot William Barker wins the Victoria Cross for his epic, single-handed combat against some 60 German aircraft.

- Canadian troops distinguish themselves during the Battle of Amiens on August 8-11, 1918.

- Soldier John Bernard Croke is awarded the Victoria Cross posthumously for his bravery during the Battle of Amiens, becoming the first Newfoundlander to win this cross.

- Mary Ellen Smith becomes the first female member of British Columbia's Legislative Assembly.

- Statistics Canada is established as the Dominion Bureau of Statistics.

- Women aged 21 and over win the right to vote in federal elections.

- The first official Canadian air mail is delivered on June 24, 1918, when a Curtiss JN4 biplane flies 124 letters from Montréal to Toronto.

- Robert S. McLaughlin founds General Motors of Canada Ltd.

1918

- *Le pilote de chasse William Barker est décoré de la Croix de Victoria en 1918 pour avoir mené seul un combat héroïque contre une soixantaine d'avions allemands.*

- *Les Canadiens se distinguent à la bataille d'Amiens du 8 au 11 août 1918.*

- *Le militaire John Bernard Croke reçoit, à titre posthume, la première Croix de Victoria accordée à un Terre-Neuvien pour un acte de bravoure lors de la bataille d'Amiens.*

- *Mary Ellen Smith devient la première femme membre de l'Assemblée législative de la Colombie-Britannique.*

- *Statistique Canada est créé sous le nom de Bureau fédéral de la statistique.*

- *Les femmes âgées de 21 ans et plus peuvent voter aux élections fédérales.*

- *Le premier vol aéropostal officiel au Canada a lieu le 24 juin 1918 quand un biplan Curtiss JN4 transporte 124 lettres de Montréal à Toronto.*

- *Robert S. McLaughlin fonde la General Motors du Canada.*

7

8

9

Two
Deux

2

3

4

5

6

5 Raymond-Michaud Agricultural Museum,
   Kamouraska, Québec

6 Santano Jules, Teslin, Yukon

7 Jessica, Alberta

8 A tender moment, Charlevoix, Québec

5 *Musée agricole Raymond-Michaud, Kamouraska,*
   Québec

6 *Santano Jules, Teslin, Yukon*

7 *Jessica, Alberta*

8 *Moment tendre, Charlevoix, Québec*

- The Historic Sites and Monuments Board of Canada is established in 1919.

- Frank Ellis makes the first parachute jump in Canada over Lake Erie.

- The most famous strike in Canadian history takes place in Winnipeg and lasts from May 15 to June 15, 1919.

- On June 14-15, 1919, British pilot John William Alcock and his co-pilot, Arthur Brown, made the first successful non-stop flight across the Atlantic from St. John's, Newfoundland, to Clifden, Ireland, in a 2-motor biplane, "Vickers Vimy". The flight took 16 hours 12 minutes.

- Canada is admitted to the League of Nations.

- Canadair Ltd., the largest aerospace manufacturer, opens its doors in 1920.

- The Group of Seven is founded by the self-proclaimed modern artists Franklin Carmichael, Lawren Harris, A.Y. Jackson, Franz Johnston, Arthur Lismer, J.E.H. Macdonald and F.H. Varley.

- Arthur Meighen becomes the ninth Prime Minister of Canada.

- The Royal 22nd Regiment is established.

- The North-West Mounted Police is renamed the Royal Canadian Mounted Police in 1920.

1919-1920

- *La Commission des lieux et monuments historiques du Canada est formée en 1919.*

- *Frank Ellis exécute le premier saut en parachute au Canada au-dessus du lac Érié.*

- *La plus célèbre grève de l'histoire du Canada a lieu à Winnipeg du 15 mai au 15 juin 1919.*

- *Les Britanniques John William Alcock (pilote) et Arthur Brown (navigateur) effectuent le premier vol transatlantique sans escale en partant de St. John's (Terre-Neuve) à bord de leur biplan Vickers Vimy pour se poser à Clifden (Irlande) après 16 heures et 12 minutes de vol les 14 et 15 juin 1919.*

- *Le Canada est admis à la Société des Nations.*

- *Canadair ltée, le plus important constructeur d'avions, ouvre ses portes en 1920.*

- *Le Groupe des Sept est créé, dans lequel se retrouvent les peintres modernes Franklin Carmichael, Lawren Harris, A.Y. Jackson, Franz Johnston, Arthur Lismer, J.E.H. Macdonald et F.H. Varley.*

- *Arthur Meighen devient le neuvième premier ministre du Canada.*

- *Le Royal 22e Régiment est créé.*

- *La Police montée du Nord-Ouest devient la Gendarmerie royale du Canada en 1920.*

9

10

11

- ❖ Sir Frederick Banting co-discovers insulin in 1921.

- ❖ Nellie Letitia McClung, writer, reformer and suffragist, gains prominence from speaking tours in England, Canada and the United States.

- ❖ Canada's most famous ship, the *Bluenose*, is launched at Lunenburg, Nova Scotia.

- ❖ King George V passes legislation enacting the Canadian coat of arms on November 21, 1921.

- ❖ William Lyon Mackenzie King becomes the tenth Prime Minister of Canada.

- ❖ Agnes Macphail is the only woman elected to Canada's Parliament. She would remain an MP until 1940, found the Elizabeth Fry Society of Canada and be largely responsible for the establishment of the Archambault Commission in 1935 to investigate Canada's prisons.

- ❖ Wood Buffalo National Park is established in 1922 to protect the last herd of wood bison.

1921 - 1922

- ❖ *Sir Frederick Banting codécouvre l'insuline en 1921.*

- ❖ *Nellie Letitia McClung, écrivaine, réformatrice et défenseure des droits de la femme, acquiert une grande renommée grâce aux discours qu'elle prononce en Angleterre, au Canada et aux États-Unis.*

- ❖ *Le plus célèbre des navires canadiens, le Bluenose, est lancé à Lunenburg en Nouvelle-Écosse.*

- ❖ *Le roi George V fixe par proclamation les armoiries du Canada le 21 novembre 1921.*

- ❖ *William Lyon Mackenzie King devient le dixième premier ministre du Canada.*

- ❖ *Agnes Macphail est la seule femme élue au Parlement canadien. Elle restera députée jusqu'en 1940, fondera la Société Elizabeth Fry du Canada et sera la grande responsable de la commission Archambault sur les prisons canadiennes en 1935.*

- ❖ *Le Parc national du Canada, le Wood Buffalo, est établi en 1922 pour protéger la dernière troupe de bisons des bois.*

15

16

17

❖ Sir Frederick Banting shares the Nobel Prize for physiology or medicine with his co-discoverers of insulin.

❖ Major R.S. Timmis becomes the first Canadian to win an international equestrian contest, in Toronto.

❖ The Calgary Stampede becomes a major annual international event.

❖ The first Canadian gymnastics championships are held in Toronto.

❖ Kenneth George McKenzie founds Canada's first neurosurgical unit in Toronto.

1923

❖ *Sir Frederick Banting reçoit en 1923 le prix Nobel de physiologie ou de médecine pour sa participation à la découverte de l'insuline.*

❖ *Le major R.S. Timmis est le premier Canadien à gagner dans un concours international d'équitation à Toronto.*

❖ *Le rodéo du Stampede de Calgary devient un événement annuel d'envergure internationale.*

❖ *Les premiers championnats canadiens de gymnastique ont lieu à Toronto.*

❖ *Kenneth George McKenzie fonde à Toronto le premier service de neurochirurgie au Canada.*

Montréal
Montréal

3

1 Olympic Stadium

2-3 Views of Montréal

1 *Le stade olympique*

2-3 *Vues sur Montréal*

4　　Montréal street in winter

5　　Chinese district

6　　Flowered corner, Sherbrooke Street

7-8　　Downtown

4　　*Rue de Montréal en hiver*

5　　*Quartier chinois*

6　　*Coin fleuri, rue Sherbrooke*

7-8　　*Centre-ville*

❖ An expedition climbs Mount Logan, Canada's highest mountain at 5950 m.

❖ The Royal Canadian Air Force is formed on April 1, 1924.

❖ Kenneth Colin Irving founds the Irving Oil Company.

❖ Architects Edward and William Maxwell realize their final achievement: the St-Louis wing and tower block of the Château Frontenac hotel.

❖ Guy Lombardo and his band take the name Royal Canadians and become known especially for their *Auld Lang Syne* theme, which they play during their traditional New Year's Eve broadcasts and telecasts from New York's Roosevelt Grill from 1929 to 1962.

❖ The Department of National Defence is created.

1924

❖ *Le sommet le plus élevé du Canada, le mont Logan (5 950 m), est escaladé en 1924.*

❖ *L'Aviation royale du Canada naît le 1ᵉʳ avril 1924.*

❖ *Kenneth Colin Irving fonde la Société pétrolière Irving.*

❖ *Les architectes Edward et William Maxwell réalisent leur dernière œuvre commune : l'aile Saint-Louis et la tour du Château Frontenac.*

❖ *Guy Lombardo et ses musiciens adoptent le nom de Royal Canadians et se feront surtout connaître par leur chanson thème Auld Lang Syne (Ce n'est qu'un au revoir mes frères) qu'ils interpréteront lors de l'émission de la Saint-Sylvestre, radiodiffusée puis télédiffusée du Roosevelt Grill de New York de 1929 à 1962.*

❖ *Le département de la Défense nationale est créé.*

9-11   Sherbrooke Street

12   Monument and fountain

9-11   *Rue Sherbrooke*

12   *Monument et fontaine*

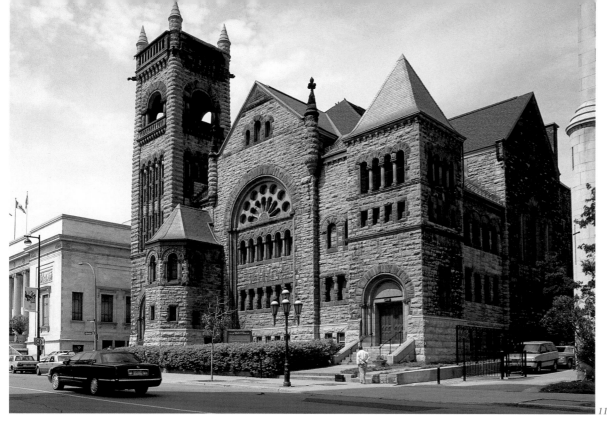

11

12

14   13

❖ John Hubert Craigie joins the Dominion Rust Research Laboratory in Winnipeg, where he discovers the sexual process in rust diseases of wheat.

❖ Edward Samuel Rogers revolutionizes the home radio-receiver industry throughout the world with his alternating-current radio tube.

❖ On November 28, 1925, Montréal Canadiens goalie Georges Vézina collapses during a hockey match and dies four months later of tuberculosis.

❖ Ada Mackenzie founds the first golf club restricted to women, in Thornhill, Ontario.

1925

❖ *John Hubert Craigie fait partie du Dominion Rust Research Laboratory de Winnipeg en 1925 où il découvrira le mécanisme de reproduction des rouilles du blé.*

❖ *Edward Samuel Rogers révolutionne l'industrie du poste récepteur dans le monde entier avec son ampoule de radio à courant alternatif.*

❖ *Le gardien de but des Canadiens de Montréal, Georges Vézina, s'écroule durant une partie de hockey le 28 novembre 1925 et meurt quatre mois plus tard de tuberculose.*

❖ *Ada Mackenzie fonde le premier club de golfeuses à Thornhill, en Ontario.*

15

13-14 Architectural details

15   View of Montréal

13-14 Détails architecturaux

15   Vue sur Montréal

Sentinel
Sentinelle

3

1	Darney, Prince Edward Island	*1*	*Darney, Île-du-Prince-Édouard*
2	Baddeck, Nova Scotia	*2*	*Baddeck, Nouvelle-Écosse*
3	Neil's Harbour, Nova Scotia	*3*	*Neil's Harbour, Nouvelle-Écosse*

4

5

6

7

- ❖ Construction of the Sainte-Anne-de-Beaupré basilica is completed.

- ❖ Constantine "Conn" Smythe of Ontario assembles the New York Rangers hockey team.

- ❖ Architects Henry Sproatt and Ernest Ross Rolph receive the American Institute of Architects Gold Medal for the Memorial Tower at the University of Toronto.

- ❖ J. Dalzell McKee completes the first flight of a seaplane across Canada.

1926

- ❖ *La construction de la basilique de Sainte-Anne-de-Beaupré est terminée en 1926.*

- ❖ *L'Ontarien Constantine "Conn" Smythe met sur pied le club de hockey Rangers de New York.*

- ❖ *Les architectes Henry Sproatt et Ernest Ross Rolph reçoivent la médaille d'or de l'American Institute of Architects pour la Memorial Tower de l'université de Toronto.*

- ❖ *J. Dalzell McKee est le premier à traverser le Canada en hydravion.*

8

9

10

❖ Frank Percival Price becomes Canada's first carillonneur when the instrument he helped design for the Peace Tower of the Parliament Buildings in Ottawa is installed.

❖ Canada Packers, the country's largest producer of food products, is established.

❖ Mazo de la Roche wins international recognition with the publication of his book *Jalna*.

❖ Constantine "Conn" Smythe forms the Toronto Maple Leafs hockey team.

1927

❖ L'installation du carillon dans la Tour de la paix au Parlement d'Ottawa permet à Frank Percival Price de devenir le premier carillonneur du Canada en 1927.

❖ Le plus important producteur canadien de denrées alimentaires, la Canada Packers, fait ses débuts en 1927.

❖ Mazo de la Roche connaît la notoriété internationale avec la publication de son roman Jalna.

❖ Constantine "Conn" Smythe forme le club de hockey Maple Leafs de Toronto.

11

12   Cemetery, Franklin expedition,
       Beechey Island, Nunavut

13   Near Twillingate, Newfoundland

14   Lotbinière, Québec

15   Royal 22nd Regiment, Dufferin Terrace,
       Québec City, Québec

16   Hope, British Columbia

17   Sentinel in Louisbourg, Nova Scotia

*12   Cimetière, expédition Franklin,
       Beechey Island, Nunavut*

13   Près de Twillingate, Terre-Neuve

14   Lotbinière, Québec

15   Royal 22e Régiment, terrasse Dufferin à Québec, Québec

16   Hope, Colombie-Britannique

17   Sentinelle à Louisbourg, Nouvelle-Écosse

15

16

17

- ❖ The work of Emily Carr, whose work is inspired by the Northwest Coast Indians, wins critical recognition.

- ❖ Track and field athlete Ethel Catherwood wins the gold medal in the women's "running high jump" at the Amsterdam Olympics.

- ❖ Canadian-bred Gratton Bars is the first horse to win the top three pacing stakes in North America.

- ❖ Percy Alfred William becomes the sensation of the Amsterdam Olympics by winning gold medals in the 100-and 200-m sprints.

- ❖ Distillers Corporation-Seagrams Ltd., the largest producer of distilled spirits and wines in the world, is incorporated.

- ❖ Clennell Haggerston "Punch" Dickins, who piloted the first aircraft on the prairie airmail circuit and demonstrated the need to offer air services in the Far North, is awarded the McKee Trophy.

1928

- ❖ Les critiques reconnaissent l'œuvre de la peintre Emily Carr, influencée par les Indiens de la côte du Nord-Ouest.

- ❖ Ethel Catherwood gagne la médaille d'or aux épreuves féminines de saut en hauteur aux Jeux olympiques d'Amsterdam.

- ❖ Le cheval canadien Gratton Bars est le premier cheval à remporter les trois prix de trot les plus importants en Amérique du Nord.

- ❖ Percy Alfred William devient la révélation des Jeux olympiques d'Amsterdam en remportant des médailles d'or aux 100 et 200 mètres sprint.

- ❖ La Société Seagram, le plus important fabricant d'alcool au monde, est créée à Montréal.

- ❖ L'aviateur Clennell Haggerston "Punch" Dickins, qui a piloté le premier avion postal des Prairies et qui a montré la nécessité de desservir le Grand Nord, reçoit le trophée McKee.

20

21

22

21	Anse à la Cabane, L'Île-du-Havre-Aubert, Québec	*21*	*Anse à la Cabane, L'Île-du-Havre-Aubert, Québec*
22	Bonavista, Newfoundland	*22*	*Bonavista, Terre-Neuve*
23	Panmure Island, Prince Edward Island	*23*	*Panmure Island, Île-du-Prince-Édouard*
24	Rocky Harbour, Newfoundland	*24*	*Rocky Harbour, Terre-Neuve*

Nova Scotia
Nouvelle-Écosse

6   Margaree

8

9

Canada is hit hard by the Great Depression in 1929.

A 4.6-m tidal wave strikes Newfoundland's Burin Peninsula, killing 27 people and destroying property.

Ontario astrophysicist Frank Scott Hogg receives the first doctorate in astronomy awarded by Harvard University.

In 1930, Richard Bedford Bennett becomes the eleventh Prime Minister of Canada.

Cairine Reay Wilson becomes Canada's first woman senator on February 20, 1930.

The first Commonwealth Games (British Empire Games) are held in Hamilton in August 1930.

The British R-100 airship flies over Québec.

10

1929 - 1930

Le Canada est durement frappé par la Crise économique mondiale en 1929.

Un raz de marée de 4,6 mètres de hauteur frappe la péninsule de Burin à Terre-Neuve, causant la mort de 27 personnes et de nombreux dommages matériels.

L'astrophysicien ontarien Frank Scott Hogg obtient le premier doctorat en astronomie de l'université Harvard.

Richard Bedford Bennett devient le onzième premier ministre du Canada en 1930.

Cairine Reay Wilson est la première femme nommée sénateur au Canada le 20 février 1930.

Les premiers jeux du Commonwealth, jeux de l'Empire britannique, sont tenus à Hamilton en août 1930.

Le dirigeable britannique, le R-100, survole le Québec.

14

15

16

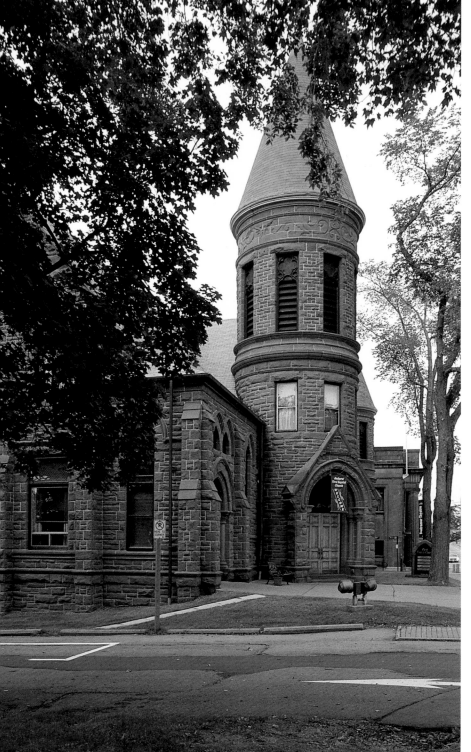

17

18

19

20

21

22

26

27

28

29

30

❖ The British Parliament passes the Statute of Westminster, giving Canada's Parliament full legal freedom.

❖ Actor Raymond Hart Massey begins a film career that would include over 70 movies.

❖ Sir Ernest MacMillan, the first person to be knighted outside the United Kingdom, becomes conductor of the Toronto Symphony Orchestra.

❖ Frère Marie-Victorin creates the Montréal Botanical Garden.

1931

❖ *Le Statut de Westminster qui autorise le Parlement du Canada à faire des lois de portée extraterritoriale entre en vigueur en 1931.*

❖ *L'acteur Raymond Hart Massey entreprend une carrière cinématographique qui comprendra plus de 70 films.*

❖ *Sir Ernest MacMillan, qui a été le premier chevalier reçu à l'extérieur du Royaume-Uni, devient chef de l'Orchestre symphonique de Toronto.*

❖ *Le frère Marie-Victorin fonde le Jardin botanique de Montréal.*

Shivers
Frisson

1

2

1	Hay River, Northwest Territories	1	*Hay River, Territoires du Nord-Ouest*
2	Grass Narrow Marsh, Manitoba	2	*Grass Narrow Marsh, Manitoba*
3	Margaree, Nova Scotia	3	*Margaree, Nouvelle-Écosse*
4	Havre-aux-Maisons, Magdalen Islands, Québec	4	*Havre-aux-Maisons, Îles-de-la-Madeleine, Québec*

8

9

- Hans Selye, endocrinologist and world-famous pioneer of research on "biological stress" in humans, joins the staff of McGill University in 1932.

- Canada's pioneer anthropologist Diamond Jenness publishes one of his most famous works, *The Indians of Canada*.

- Joseph-Alphonse Ouimet, research engineer at Canadian Television Ltd., builds Canada's first television receiver.

- Duncan McNaughton clears the bar at 6'6" to win the gold medal in high jump at the 1932 Los Angeles Olympics.

- The Musée du Québec officially opens in 1933, eleven years after the legislation creating it is passed.

- Irish-born boxer Jimmy McLarnin wins the world welterweight championship.

1932-1933

- *Hans Selye, endocrinologue et pionnier international de la recherche sur le "stress biologique" humain fait partie de l'équipe de l'université McGill en 1932.*

- *Le pionnier de l'anthropologie au Canada, Diamond Jenness, publie l'un de ses plus célèbres ouvrages, The Indians of Canada.*

- *Joseph-Alphonse Ouimet, ingénieur de recherche à la Canadian Television Ltd, réalise le premier téléviseur au Canada.*

- *Duncan McNaughton saute six pieds six pouces au saut en hauteur et remporte l'or aux Jeux olympiques de Los Angeles.*

- *Le Musée du Québec ouvre ses portes en 1933 après avoir été créé onze ans plus tôt.*

- *Le boxeur d'origine irlandaise Jimmy McLarnin gagne le championnat du monde poids mi-moyen.*

10

Calgary
Calgary

1

2

1	Bicycles in front of the Petro-Canada building	*1*	*Bicyclettes devant l'édifice de Petro-Canada*
2	Calgary at night	*2*	*Calgary le soir*
3	Architectural details	*3*	*Détails architecturaux*

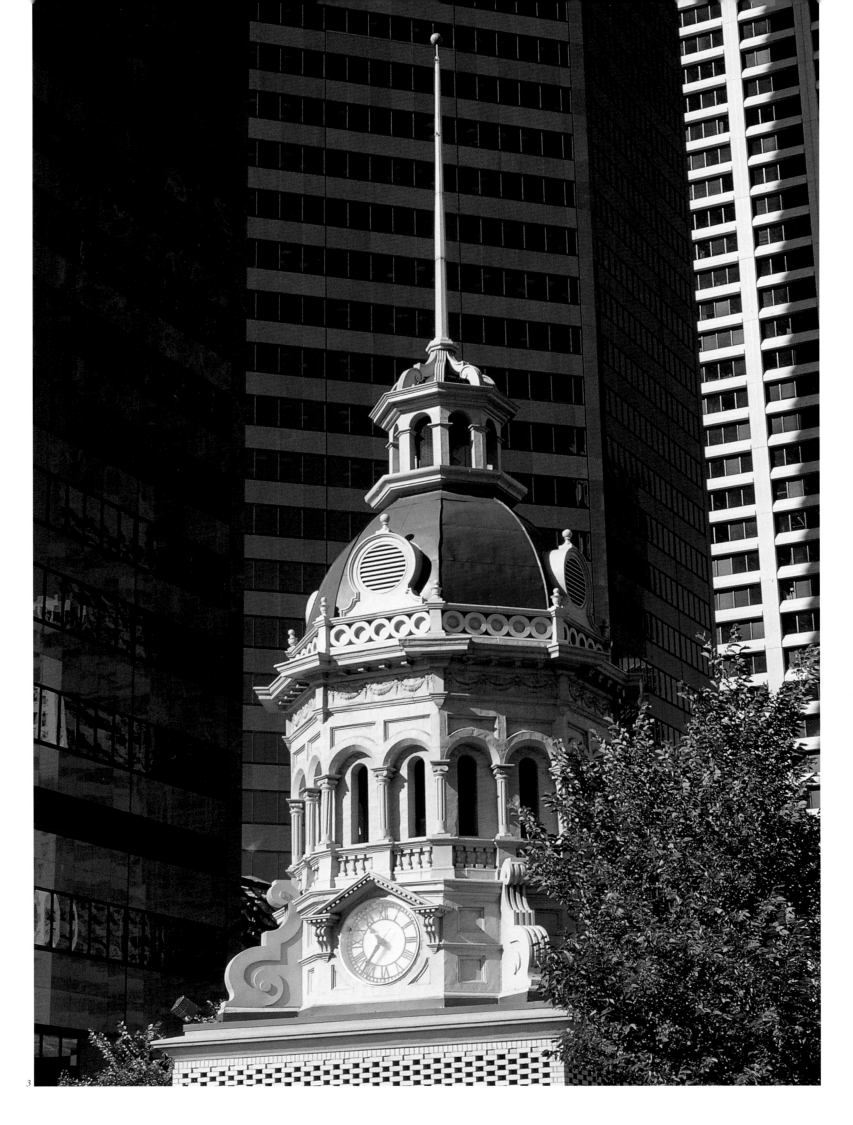

3

4

5

- Poet, novelist and singer Leonard Cohen is born in Montréal in 1934.

- Dr. Allan Roy Dafoe achieves international fame for his successful delivery of the Dionne Quintuplets.

- Samuel Steinberg opens Québec's first self-service store in Montréal.

- Raoul Jobin, a young tenor from Québec, debuts at the Opéra-Comique de Paris.

- The Bank of Canada is established in 1935.

- The Dominion Curling Association (renamed the Canadian Curling Association in 1968) is formed in 1935.

- Thomas Griffith Taylor founds the first Canadian department of geography at the University of Toronto.

- The Noorduyn Norseman, the first bush plane made entirely in Canada, takes its maiden flight in November 1935.

1934-1935

- Le poète, romancier et chansonnier Leonard Cohen voit le jour à Montréal en 1934.

- Le médecin Allan Roy Dafoe devient connu mondialement en mettant au monde les quintuplées Dionne.

- Samuel Steinberg ouvre à Montréal le premier supermarché d'alimentation au Québec.

- Raoul Jobin, jeune ténor québécois, fait ses débuts à l'Opéra-Comique de Paris.

- La Banque du Canada est créée en 1935.

- La Dominion Curling Association, qui deviendra l'Association canadienne de curling en 1968, est créée en 1935.

- Thomas Griffith Taylor fonde le premier département de géographie au Canada à l'université de Toronto.

- Le Noorduyn Norseman, premier avion de brousse entièrement fabriqué au Canada, vole pour la première fois en novembre 1935.

4 Part of Calgary and the Bow River	4 *Partie de Calgary et de la Bow River*
5 Chinese Cultural Centre	5 *Centre culturel chinois*
6 Bank of Montreal	6 *Banque de Montréal*
7 Calgary street	7 *Rue à Calgary*

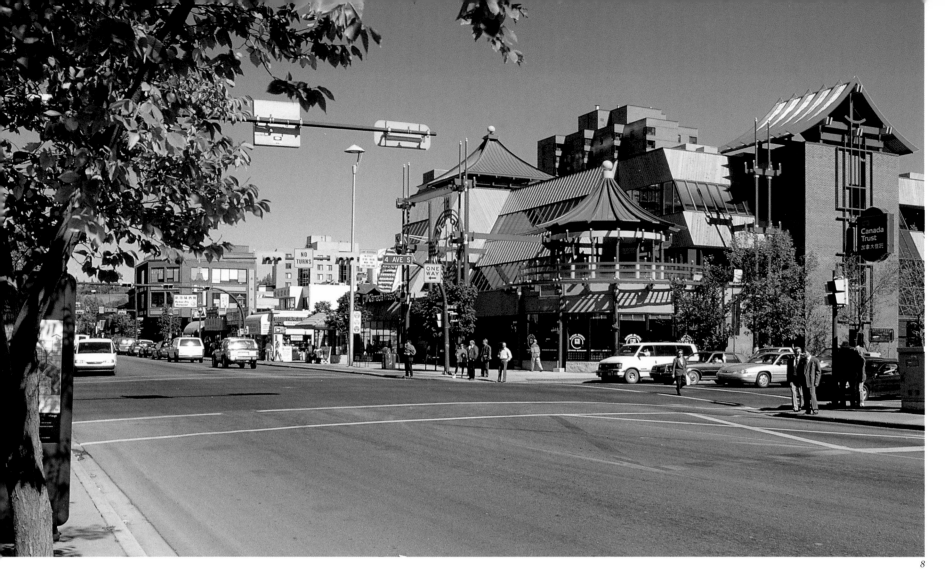

❖ In 1936, Paddler Francis Amyot wins a gold medal in the 1000-m Canadian Singles at the Berlin Olympics.

❖ Norman Bethune organizes a mobile blood-transfusion service, the first of its kind, during the Spanish Civil War.

❖ Martha Louise Black becomes the second woman ever elected to the Canadian Parliament.

❖ The French-language broadcasting system Société Radio-Canada is established.

❖ Laure Gaudreault, pioneer organizer of teachers' unions, lays the groundwork for the Association catholique des institutrices rurales.

❖ The *Globe and Mail* is founded when George McCullogh unites the two Toronto dailies the *Globe* and the *Mail and Empire*.

1936

❖ *Le pagayeur Francis Amyot remporte la médaille d'or aux 1000 mètres en solo aux Jeux olympiques de Berlin en 1936.*

❖ *Norman Bethune organise le premier service mobile de transfusion sanguine lors de la guerre civile en Espagne.*

❖ *Martha Louise Black devient la deuxième femme élue au Parlement canadien.*

❖ *La Société Radio-Canada est créée.*

❖ *Laure Gaudreault, pionnière du syndicalisme enseignant au Québec, jette les bases de l'Association catholique des institutrices rurales.*

❖ *La fusion des quotidiens le* Globe *et le* Mail and Empire *par George McCullogh donne naissance au* Globe and Mail *de Toronto.*

12

13

- Air Canada (Trans-Canada Airlines) is created in 1937.

- The *Bluenose* is reproduced on the Canadian dime.

- John Buchan, 1st Baron Tweedsmuir, institutes the Governor General's Literary Awards.

- John William Coulter wins the Dominion Drama Festival Bessborough Trophy for his play *The House in the Quiet Glen*.

- Dr. Philip Edwards becomes the first person to win the Lou Marsh Trophy.

- Howie Morenz becomes a legend on March 8, 1937 when he dies as a result of injuries suffered during a hockey game on January 28.

1937

- *La compagnie aérienne Air Canada (Trans-Canada Airlines) est créée en 1937.*

- *Le* Bluenose *apparaît sur les pièces de monnaie canadienne de 10 cents.*

- *John Buchan, premier baron Tweedsmuir, institue les prix littéraires du Gouverneur général.*

- *John William Coulter remporte le trophée Bessborough du Dominion Drama Festival pour sa pièce* The House in the Quiet Glen.

- *Le docteur Philip Edwards devient le premier gagnant du trophée Lou-Marsh.*

- *Le 8 mars 1937, Howie Morenz devient une légende quand il décède à la suite d'une blessure survenue lors d'un match de hockey le 28 janvier.*

Fragility
Fragilité

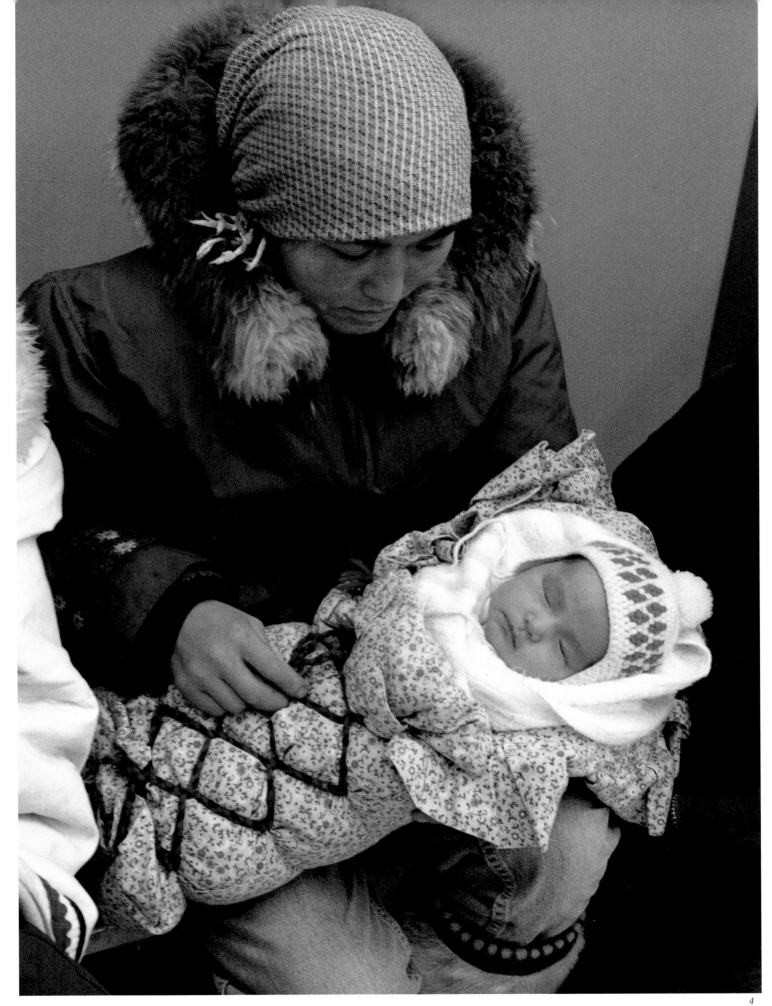

4

1   Flower, Northwest Territories

2   Columbine, Alberta

3   Fawn, Anticosti Island, Québec

4   Mother and child, Nouveau-Québec

1   *Fleur, Territoires du Nord-Ouest*

2   *Ancolie, Alberta*

3   *Faon, île d'Anticosti, Québec*

4   *Femme et son enfant, Nouveau-Québec*

5

2

5

5

6

In 1938, Gweneth Lloyd and Betty Farrally form a dance troupe that later becomes the Royal Winnipeg Ballet, the oldest surviving ballet company in Canada.

Film-maker John Grierson writes a report on the film-making activities of the Canadian government, leading to the creation of the National Film Board in 1939.

The Institut de microbiologie et d'hygiène de Montréal is founded in 1938; its name would be changed to Institut Armand-Frappier in 1975.

Norman Bethune becomes the chief medical officer of Mao Tse-Tung's army.

The Canadian Cancer Society is founded.

1938

Gweneth Lloyd et Betty Farrally forment une troupe de ballet en 1938 qui deviendra le Royal Winnipeg Ballet, le plus vieux corps de ballet du Canada.

Le cinéaste John Grierson rédige un rapport sur les activités cinématographiques du gouvernement canadien. Son travail amènera la création de l'Office national du film en 1939.

L'Institut de microbiologie et d'hygiène de Montréal est fondé et deviendra l'Institut Armand-Frappier en 1975.

Norman Bethune devient le médecin en chef de l'armée de Mao Tsé-Tung.

La Société canadienne du cancer est fondée.

7

8

Yukon

Yukon

1	Aklan Greewood and Melaina Sheldon, Teslin	*1*	*Aklan Greewood et Melaina Sheldon, Teslin*
2	View of Dawson City	*2*	*Vue sur Dawson City*
3	Dawson City	*3*	*Dawson City*
4	Mont Folded, Muncho Lake Provincial Park	*4*	*Mont Folded, parc provincial Muncho Lake*

8

9

- Canada declares war on Germany in September 1939.

- Chalmers Jack Mackenzie is the Canadian government's chief scientist in World War II.

- The Contemporary Arts Society is founded.

- Dorothy Louise Walton becomes world badminton champion.

- The National Film Board is created.

- Félix Leclerc makes his debut as a singer for Radio-Canada.

- Gérard Côté wins the Boston Marathon in 1940 in a record 2 hours 28 minutes 20 seconds, and wins again in 1943, 1944 and 1948.

- On April 28, 1940, Québec women win the right to vote in provincial elections thanks to a campaign spearheaded by Thérèse Casgrain.

1939-1940

- *Le Canada déclare la guerre à l'Allemagne en septembre 1939.*

- *Chalmers Jack Mackenzie est le scientifique le plus important du gouvernement canadien pendant la Deuxième Guerre mondiale.*

- *La Société d'art contemporain est fondée.*

- *Dorothy Louise Walton devient championne du monde de badminton.*

- *L'Office national du film est créé.*

- *Félix Leclerc fait ses débuts comme chansonnier à Radio-Canada.*

- *En 1940, Gérard Côté gagne le marathon de Boston en un temps record de 2 heures 28 minutes 20 secondes et répétera l'exploit en 1943, 1944 et 1948.*

- *Thérèse Casgrain dirige la lutte conduisant au droit de vote des femmes au Québec le 28 avril.*

331

11

12

13

14

15

❖ Paul Anka, who would write over 400 songs, including *My Way* for Frank Sinatra, is born in Ottawa in 1941.

❖ The Canadian Women's Army Corps is created.

❖ Canada sends two battalions to defend Hong Kong against the Japanese in December 1941: the Royal Rifles and the Winnipeg Grenadiers.

❖ Montréal poet Émile Nelligan dies on November 18, 1941.

❖ On December 6, 1941, Arthur Leblanc is playing violin at the White House for the President of the United States when word comes that Pearl Harbour has been attacked.

❖ Jessie Catherine Gray becomes the first woman fellow of the Royal College of Physicians and Surgeons of Canada.

❖ Yousuf Karsh photographs Winston Churchill, taking what would become one of the most famous portraits in the history of photography.

1941

❖ *Paul Anka, qui écrira plus de 400 chansons dont* My Way, *pour Frank Sinatra, naît à Ottawa en 1941.*

❖ *Le Corps féminin de l'Armée canadienne est constitué.*

❖ *Le Canada envoie deux bataillons pour défendre Hong Kong contre les Japonais en décembre 1941, les Royal Rifles et les Winnipeg Grenadiers.*

❖ *Le poète montréalais Émile Nelligan meurt le 18 novembre 1941.*

❖ *Arthur LeBlanc joue du violon devant le président des États-Unis à la Maison Blanche quand on annonce l'attaque de Pearl Harbor le 6 décembre 1941.*

❖ *Jessie Catherine Gray devient la première femme membre du Collège des médecins et chirurgiens du Canada.*

❖ *Yousuf Karsh photographie Winston Churchill, l'un des portraits les plus connus de l'histoire de la photographie.*

18

22

23

24

- Construction of the Alaska Highway from Dawson Creek, British Columbia, to Fairbanks, Alaska, begins in 1942.

- George Frederick Beurling shoots down 28 enemy aircraft in four months during World War II.

- Snowmobile inventor Joseph-Armand Bombardier founds his own company.

- Thomas Bertram Costain publishes *For my Great Folly*.

- The Dieppe Raid takes place on August 19, 1942.

- Maurice Richard makes his debut with the Montréal Canadiens hockey team.

1942

- *La construction de la route de l'Alaska, de Dawson Creek en Colombie-Britannique à Fairbanks en Alaska débute en 1942.*

- *George Frederick Beurling abat 28 avions ennemis en quatre mois lors de la Deuxième Guerre mondiale.*

- *L'inventeur de la motoneige, Joseph-Armand Bombardier, fonde sa compagnie.*

- *Thomas Bertram Costain publie* For my Great Folly.

- *Le raid sur Dieppe a lieu le 19 août 1942.*

- *Maurice Richard fait ses débuts avec le club de hockey Canadiens de Montréal.*

Green
Vert

1   Langenburg, Saskatchewan

2   Prince Edward Island

3   Caribou, Gros Morne Park, Newfoundland

4   Sussex, New Brunswick

5   Bow Lake, Alberta

1   Langenburg, Saskatchewan

2   Île-du-Prince-Édouard

3   Caribous, parc Gros Morne, Terre-Neuve

4   Sussex, Nouveau-Brunswick

5   Bow Lake, Alberta

6	Fisherman, Miramichi River, New Brunswick	6	*Pêcheur, rivière Miramichi, Nouveau-Brunswick*
7	Wallace, Nova Scotia	7	*Wallace, Nouvelle-Écosse*
8	Near Clinton, Ontario	8	*Vers Clinton, Ontario*
9	Herschel Island, Yukon	9	*Herschel Island, Yukon*
10	Fern, Nova Scotia	10	*Fougère, Nouvelle-Écosse*

8
9

10

- In 1943, tenor Léopold Simoneau interprets his first role in a Mozart opera, *The Marriage of Figaro*.

- The Hockey Hall of Fame is founded.

- The Canadian Federation for the Humanities (Humanities Research Council of Canada) is founded.

- Will Ogilvie becomes the first official Canadian war artist.

- Winston Churchill, Franklin D. Roosevelt and Mackenzie King meet at the Québec Conference on August 14, 1943.

1943

- En 1943, le ténor Léopold Simoneau interprète pour la première fois un rôle dans un opéra de Mozart, Le Nozze di Figaro.

- Le Temple de la renommée du hockey est fondé.

- La Fédération canadienne des études humaines (Conseil canadien de recherches sur les humanités) est fondée.

- Will Ogilvie devient le premier peintre de guerre officiel du Canada.

- La Conférence de Québec réunissant Winston Churchill, Franklin D. Roosevelt et Mackenzie King a lieu le 14 août 1943.

Victoria
Victoria

3

1	Totempole and Parliament	*1*	*Totem et Parlement*
2	Empress Hotel	*2*	*Hôtel Empress*
3	Parliament	*3*	*Parlement*

6

7

- A group of writers led by Victor Barbeau found the Académie canadienne-française in 1944.

- The Normandy Invasion takes place on June 6, 1944.

- Elizabeth Lawrie Smellie becomes the first woman to be promoted colonel in the Canadian Army.

- The *St. Roch* becomes the first vessel to traverse the Northwest Passage in a single year and in both directions.

- Robert Hampton Gray sinks a Japanese destroyer before his burning aircraft crashes; he would receive the Victoria Cross posthumously.

- Hydro Québec is created in 1944.

- The Department of Health and Welfare is created.

1944

- *Un groupe d'écrivains réunis autour de Victor Barbeau fonde l'Académie canadienne-française en 1944.*

- *Le 6 juin 1944 a lieu le débarquement de Normandie.*

- *Elizabeth Lawrie Smellie devient la première femme promue colonel dans l'Armée canadienne.*

- *Le Saint-Roch devient le premier bateau à franchir le passage du Nord-Ouest dans les deux directions, en une seule année.*

- *Robert Hampton Gray qui a coulé un destroyer japonais avant que son appareil en flammes ne s'écrase recevra la Croix de Victoria à titre posthume.*

- *Hydro Québec est créée en 1944.*

- *Le ministère de la Santé et du Bien-être social est créé.*

8

9

10

◈ In 1945, Gabrielle Roy publishes *Bonheur d'occasion*, for which she would win the Prix Fémina in Paris and the Literary Guild of America Award in New York.

◈ Painter Molly Joan Bobak is the only woman to be appointed a war artist.

◈ Singer-songwriter Bruce Cockburn is born in Ottawa in 1945.

◈ Canada signs the UN Charter in San Francisco.

◈ Armand Frappier founds the first French-language school of hygiene in the world at Université de Montréal.

1945

◈ *En 1945, Gabrielle Roy publie* Bonheur d'occasion *qui lui vaut le prix Fémina à Paris et le prix de la Literary Guild of America à New York.*

◈ *La peintre Molly Joan Bobak est la seule femme à être désignée artiste de guerre.*

◈ *Le compositeur et interprète Bruce Cockburn naît à Ottawa en 1945.*

◈ *Le Canada signe la Charte de l'ONU à San Francisco.*

◈ *Armand Frappier fonde la première école française d'hygiène au monde à l'université de Montréal.*

Altitude
Altitude

1

2

3

4

1	Lake Louise, Alberta		1	*Lac Louise, Alberta*
2	Near Maligne Lake, Alberta		2	*Vers le lac Maligne, Alberta*
3	Columbia Icefield, Alberta		3	*Columbia Icefield, Alberta*
4	Six Glaciers, Alberta		4	*Six Glaciers, Alberta*

5	Lunenburg, Nova Scotia	5	*Lunenburg, Nouvelle-Écosse*
6	Peggys Cove, Nova Scotia	6	*Peggys Cove, Nouvelle-Écosse*
7	Langenburg, Saskatchewan	7	*Langenburg, Saskatchewan*
8	North Shore, Québec	8	*Côte-Nord, Québec*
9	Niagara-on-the-Lake, Ontario	9	*Niagara-on-the-Lake, Ontario*

7

8

Poet Edwin John Pratt is made a Companion of the Order of St. Michael and St. George by King George VI in 1946.

Jackie Robinson becomes the first black player to sign a contract with a major baseball team, the Montreal Royals.

Maxwell Bates and A. W. Hodges design St. Mary's Cathedral, one of western Canada's outstanding monuments.

Jacob John Siemens is president of Co-operative Vegetable Oils Ltd., the first plant in North America to extract oil from sunflower seeds.

1946

Le poète Edwin John Pratt est fait compagnon de l'Ordre de Saint-Michel et de Saint-Georges par le roi George VI en 1946.

Jackie Robinson devient le premier Noir à signer un contrat avec une équipe de baseball majeur, les Royaux de Montréal.

Maxwell Bates et A.W. Hodges conçoivent la cathédrale St. Mary's, un des monuments marquants de l'Ouest canadien.

Jacob John Siemens est le président de la première usine d'extraction d'huile de tournesol en Amérique du Nord, la Co-operative Vegetable Oils Ltd.

9

10

11

12

- Oil is discovered in the Leduc oil field on February 13, 1947.

- Carlyle Clare Agar flies the first commercial helicopter in Canada.

- The *de Havilland Beaver*, an aircraft with short take-off and landing (STOL) capabilities, takes its maiden flight on August 16, 1947.

- Gabrielle Roy wins the first of three Governor General's Awards and becomes the first woman to be admitted to the Royal Society of Canada.

- Soprano Lois Catherine Marshall gives her first major performance as soprano soloist with the Toronto Mendelssohn Choir and the Toronto Symphony Orchestra.

1947

- *Du pétrole est découvert dans le champ pétrolifère de Leduc le 13 février 1947.*

- *Carlyle Clare Agar pilote le premier hélicoptère commercial au Canada.*

- *Le* de Havilland Beaver, *qui décolle et atterrit sur de courtes distances, vole pour la première fois le 16 août 1947.*

- *Gabrielle Roy, lauréate du prix du Gouverneur général pour la première de trois fois, devient la première femme admise à la Société royale du Canada.*

- *La soprano Lois Catherine Marshall donne sa première représentation importante comme soprano soliste avec le Toronto Mendelssohn Choir et l'Orchestre symphonique de Toronto.*

13

14

15

SCOUTS D'OTTAWA
741-3366

16 George Werner, Niagara-on-the-Lake, Ontario	*16 George Werner, Niagara-on-the-Lake, Ontario*
17 Burns Monument, Fredericton, New Brunswick	*17 Monument Burns à Fredericton, Nouveau-Brunswick*
18 Hecla Island, Manitoba	*18 Hecla Island, Manitoba*
19 Sudbury, Ontario	*19 Sudbury, Ontario*
20 Anse-aux-Gascons, Gaspé Peninsula, Québec	*20 Anse-aux-Gascons, Gaspésie, Québec*
21 Ottawa, Ontario	*21 Ottawa, Ontario*

19

20

21

❖ *Refus global*, a manifesto signed by the 15 members of the Automatistes, is published in Montréal on August 9, 1948.

❖ Ryerson Polytechnical Institute is founded in Toronto.

❖ Louis Saint-Laurent becomes Canada's twelfth Prime Minister.

❖ Figure skater Barbara Ann Scott wins the gold medal for figure skating at the Saint-Moritz Olympics.

❖ The Winnipeg Symphony Orchestra gives its first performance in the Winnipeg Auditorium under conductor Walter Kaufmann.

❖ Painter Jack Nichols wins the Guggenheim Fellowship for creative painting.

1948

❖ Refus global, *manifeste signé par les quinze membres du groupe des automatistes, est publié à Montréal le 9 août 1948.*

❖ *Le Ryerson Polytechnical Institute est fondé à Toronto.*

❖ *Louis Saint-Laurent devient le douzième premier ministre du Canada.*

❖ *La patineuse artistique Barbara Ann Scott remporte la médaille d'or de patinage artistique aux Jeux olympiques de Saint-Moritz.*

❖ *L'Orchestre symphonique de Winnipeg donne son premier concert au Winnipeg Auditorium sous la direction de Walter Kaufmann.*

❖ *Le peintre Jack Nichols mérite le prix Guggenheim de la peinture de création.*

22

23

24 25

26

27

26	Near Mont Tombstone, Yukon	26	*Près du Mont Tombstone, Yukon*
27	Alexander Falls, Northwest Territories	27	*Chutes Alexander, Territoires du Nord-Ouest*
28	Mount McKay, Thunder Bay, Ontario	28	*Mont McKay, Thunder Bay, Ontario*
29	Near Kimberley, British Columbia	29	*Vers Kimberley, Colombie-Britannique*

❖ Playwright Leonard Byron Peterson wins the top award for his play *Joe Katona* at the Columbus, Ohio, American Broadcasting Festival in 1949.

❖ Jazz pianist Oscar E. Peterson performs at Carnegie Hall, New York.

❖ William Maxwell Cameron establishes Canada's first oceanography institute at the University of British Columbia.

❖ The Supreme Court of Canada becomes the highest court in Canada for all legal issues of federal and provincial jurisdiction.

❖ On March 31, 1949, Newfoundland becomes the last territory to join Confederation.

❖ Canada becomes a member of NATO.

1949

❖ *Grâce à sa pièce* Joe Katona, *le dramaturge Leonard Byron Peterson remporte la plus haute distinction du American Broadcasting Festival de Columbus (Ohio) en 1949.*

❖ *Le pianiste de jazz Oscar E. Peterson se produit au Carnegie Hall de New York.*

❖ *William Maxwell Cameron fonde le premier institut océanographique canadien à l'université de la Colombie-Britannique.*

❖ *La Cour suprême du Canada devient le tribunal de dernière instance au Canada dans tous les domaines du droit de juridiction.*

❖ *Le 31 mars 1949, Terre-Neuve est le dernier territoire à adhérer à la Confédération.*

❖ *Le Canada devient membre de l'OTAN.*

Québec
Québec

3

4

1   L'Île-du-Havre-Aubert, Magdalen Islands

2   Baie-Saint-Paul, Charlevoix

3   Museum of Civilization, Hull, Outaouais

4   Trois-Rivières, Mauricie

5   Sherbrooke, Eastern Townships

1   L'Île-du-Havre-Aubert, Îles-de-la-Madeleine

2   Baie-Saint-Paul, Charlevoix

3   Musée des civilisations à Hull, Outaouais

4   Trois-Rivières, Mauricie

5   Sherbrooke, Cantons-de-l'Est

5

6

7

8

9

10

11

12

13

14

15

16

17

❖ In 1950, John Patrick Gallagher establishes a firm that would later become Dome Petroleum.

❖ Edward Johnson retires after 13 years as a tenor and 16 years as general manager of New York's Metropolitan Opera.

❖ Construction work begins on the Trans-Canada Highway and would last 12 years.

❖ Canadian soldiers are sent to Korea.

1950

❖ En 1950, John Patrick Gallagher fonde une société qui deviendra la Dome Petroleum.

❖ Après avoir passé treize ans comme ténor et seize ans comme directeur général du Metropolitan Opera de New York, Edward Johnson prend sa retraite.

❖ Les travaux pour la construction de la route transcanadienne débutent et se dérouleront sur une période de douze ans.

❖ Des militaires canadiens sont envoyés en Corée.

❖ British dancer and choreographer Celia Franca founds the National Ballet of Canada in 1951.

❖ George Crum becomes the first conductor and music director of the National Ballet of Canada.

❖ Robertson Davies publishes the first novel (*Tempest-Tost*) of the Salterton trilogy.

❖ The *de Havilland Otter* takes its maiden flight in December 1951.

❖ Lois Smith joins the National Ballet of Canada, performing as principal dancer until 1969.

❖ Princess Elizabeth makes her first visit to Canada.

❖ In Ottawa, Charlotte Whitton becomes Canada's first woman mayor.

❖ Paul Desmarais acquires the Sudbury Coppercliff Street Railway.

1951

❖ *La danseuse et chorégraphe britannique Celia Franca lance le Ballet national du Canada en 1951.*

❖ *George Crum devient le premier chef d'orchestre et directeur musical du Ballet national du Canada.*

❖ *Robertson Davies publie le premier roman (Tempest-Tost) de la trilogie Salterton.*

❖ *Le de Havilland Otter vole pour la première fois en décembre 1951.*

❖ *Lois Smith se joint au Ballet national du Canada dont elle devient la danseuse étoile jusqu'en 1969.*

❖ *La princesse Elisabeth fait sa première visite au Canada.*

❖ *À Ottawa, Charlotte Whitton devient la première femme maire au Canada.*

❖ *Paul Desmarais fait l'acquisition de la compagnie Sudbury Coppercliff Street Railway.*

20

21

22

23

24

25

- From 1952 to 1955, Alfred Pellan is the first Canadian with a solo exhibition (181 works) at the Musée national d'art moderne in Paris.

- Television makes its debut in 1952.

- Lester B. Pearson is appointed president of the UN General Assembly.

- Animated-film-maker Norman McLaren wins an Academy Award for his movie *Neighbours*.

- George Patrick Généreux wins a gold medal for shooting at the Helsinki Olympics.

- In 1952, Gordie Howe of the Detroit Red Wings wins the first of the six Hart Trophies he received for the National Hockey League's most valuable player.

- Vincent Massey becomes Canada's first native-born governor general.

- René Lecavalier calls the first hockey game broadcast by Radio-Canada television.

1952

- *Alfred Pellan est le premier Canadien à bénéficier d'une importante rétrospective de 181 de ses œuvres au Musée national d'art moderne de Paris de 1952 à 1955.*

- *Les débuts de la télévision se font en 1952.*

- *Lester B. Pearson est nommé président de l'Assemblée générale de l'ONU.*

- *Le cinéaste d'animation Norman McLaren remporte un oscar pour* Les Voisins.

- *George Patrick Généreux remporte une médaille d'or comme tireur aux Jeux olympiques d'Helsinki.*

- *En 1952, Gordie Howe des Red Wings de Detroit remporte le premier de ses six trophées Hart remis au meilleur joueur de la Ligue nationale de hockey.*

- *Vincent Massey devient le premier gouverneur général du Canada d'origine canadienne.*

- *René Lecavalier décrit le premier match de hockey présenté à la télévision de Radio-Canada.*

28

29

30

31

32

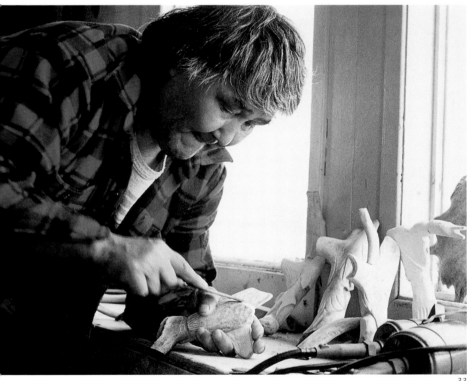

33

34

Unveiling
Dévoilement

1

2

3

4

- In 1953, actor Hume Cronyn wins his first Tony Award opposite his wife Jessica Tandy in *The Four-Poster*.

- J. H. Hirshhorn discovers uranium deposits west of Sudbury.

- Marcel Dubé writes his play *Zone*, which would win major awards at the Dominion Drama Festival in Victoria.

- Whitehorse replaces Dawson City as capital of the Yukon.

- The Stratford Festival opens with *Richard III*, starring Alec Guinness.

- Harpsichordist Kenneth Gilbert wins the Prix d'Europe awarded by the Québec Government.

- The National Library of Canada is founded in 1953.

1953

- *En 1953, l'acteur Hume Cronyn remporte son premier Tony Award en partageant la vedette avec sa femme, Jessica Tandy, dans* The Four-Poster.

- *J.H. Hirshhorn découvre des gisements d'uranium à l'ouest de Sudbury.*

- *Marcel Dubé crée sa pièce* Zone *qui remportera les grands prix du Festival national d'art dramatique à Victoria.*

- *Whitehorse devient, après Dawson City, la capitale du Yukon.*

- *Le Festival de Stratford est inauguré avec la pièce* Richard III *qui met en vedette Alec Guinness.*

- *Le claveciniste Kenneth Gilbert remporte le prix d'Europe décerné par le gouvernement du Québec.*

- *La Bibliothèque nationale du Canada est fondée en 1953.*

8

9

8	Moose River, British Columbia	8	*Moose River, Colombie-Britannique*
9	West Brook, Newfoundland	9	*West Brook, Terre-Neuve*
10	Cloud mirror, Lake Muskaki, Saskatchewan	10	*Miroir de nuages, Lake Muskaki, Saskatchewan*
11	Moncton, New Brunswick	11	*Moncton, Nouveau-Brunswick*

❖ Frank Ross Anderson wins the gold medal at the Chess Olympics in Amsterdam in 1954 and again in Munich in 1958.

❖ Marilyn Bell is the first person to swim the 52 km between Youngstown, New York and Toronto, Ontario.

❖ Robert Choquette wins the poetry prize of the Académie française.

❖ Paul David founds the Montréal Heart Institute.

❖ Helen Griffith Wylie Watson receives the Florence Nightingale Award — the highest award of the International Red Cross — for her work in Korea.

❖ Canada's first subway system is inaugurated in Toronto.

1954

❖ *Frank Ross Anderson obtient la médaille d'or aux Jeux olympiques d'échecs à Amsterdam en 1954 et répétera l'exploit en 1958 à Munich.*

❖ *Marilyn Bell est la première à nager les 52 kilomètres de distance séparant Youngstown (NY) de Toronto (Ontario).*

❖ *Robert Choquette remporte le prix de poésie de l'Académie française.*

❖ *Paul David fonde l'Institut de cardiologie de Montréal.*

❖ *Helen Griffith Wylie Watson reçoit le prix Florence-Nightingale pour son travail en Corée, la plus haute distinction décernée par la Croix-Rouge internationale.*

❖ *Le premier métro canadien, celui de Toronto, est inauguré.*

Regina
Regina

1

2

3

1	Victoria Street		*1*	*Rue Victoria*
2	Parliament		*2*	*Parlement*
3	View of Regina		*3*	*Vue sur Regina*

4

5

6

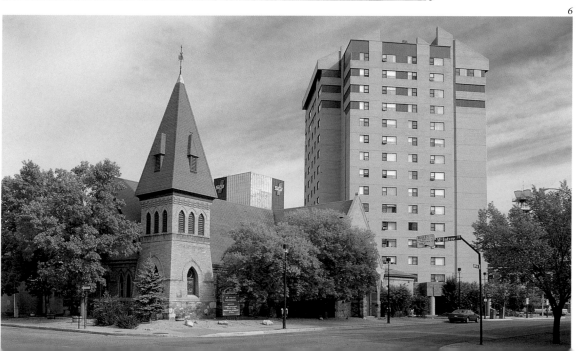

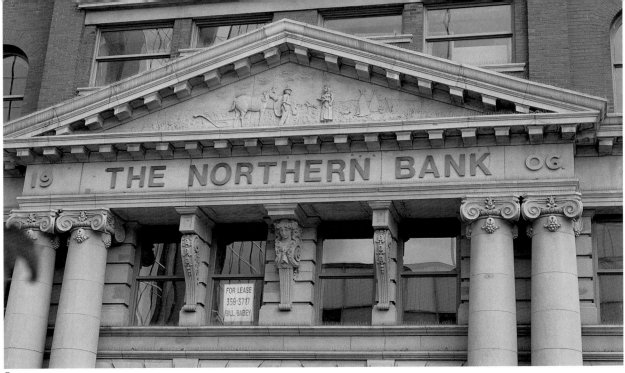

7

8

- Baritone Louis Quilico wins the Metropolitan Opera Auditions of the Air in 1955.
- Jazz guitarist Edward Isaac Bickert begins his professional career in Toronto.
- Alberta's Dinosaur Provincial Park, now a United Nations world heritage site, is founded in 1955.
- Harry I. Price helps to found Canada's Sports Hall of Fame.
- Pianist Glenn Gould attracts attention with debuts in Washington and New York and with his first recording in the United States, the *Goldberg Variations*.
- Normie Kwong, named Canadian Football League all-star five times, wins the first of two Schenley Awards.

1955

- *Le baryton Louis Quilico est le lauréat des "Auditions of the Air" du Metropolitan Opera en 1955.*
- *Le guitariste de jazz Edward Isaac Bickert commence sa carrière professionnelle à Toronto.*
- *Le Parc provincial des dinosaures de l'Alberta , qui fait maintenant partie du patrimoine mondial de l'Unesco, est fondé en 1955.*
- *Harry I. Price contribue à la fondation du Temple de la renommée des sports du Canada.*
- *Le pianiste Glenn Gould attire l'attention à ses débuts à Washington et à New York, ainsi qu'avec son premier enregistrement des Variations Goldberg aux États-Unis.*
- *Normie Kwong, cinq fois nommé joueur étoile de la Ligue canadienne de football, remporte le premier de ses deux trophées Schenley.*

❖ Botanist Jacques Rousseau becomes the first director of the National Museum of Man in Ottawa in 1956.

❖ Violinist Steven Staryk, the leading Canadian-born virtuoso of his generation, becomes concertmaster of the London Philharmonic Orchestra.

❖ Marksman Gérald Ouellette wins a gold medal with a perfect score at the Melbourne Olympics.

❖ Following an appearance at New York Town Hall, Maureen Forrester becomes one of North America's most sought-after contraltos.

❖ Joseph Alexander Gray receives the first gold medal of the Canadian Association of Physicists.

1956

❖ *Le botaniste Jacques Rousseau devient le premier directeur du Musée national de l'Homme à Ottawa en 1956.*

❖ *Le violoniste Steven Staryk, le plus grand virtuose canadien de sa génération, devient premier violon du London Philharmonic.*

❖ *Le tireur d'élite Gérald Ouellette remporte la médaille d'or aux Jeux olympiques de Melbourne avec un score parfait.*

❖ *L'apparition du contralto Maureen Forrester à l'hôtel de ville de New York l'amène à être très en demande en Amérique du Nord.*

❖ *Joseph Alexander Gray reçoit le première médaille d'or de l'Association canadienne des physiciens.*

11

12

9-10 Downtown

9-10 *Centre-ville*

11   View of Regina

11   *Vue sur Régina*

12   Museum

12   *Musée*

Contrast
Contraste

4

In 1957, Northrop Frye publishes *Anatomy of Criticism*, which would have a major impact on modern theories of criticism worldwide.

The Canada Council is created.

Ecologist Pierre Dansereau wins international renown with the publication of his book *Biogeography, an Ecological Perspective*.

John Diefenbaker becomes Canada's thirteenth Prime Minister.

Figure skaters Barbara Wagner and Robert Paul dominate the pairs event at the world championships.

Lester B. Pearson is the first Canadian Prime Minister to win the Nobel Peace Prize.

H. Harrison McCain founds the family potato-processing business McCain Foods Ltd.

Ellen Fairclough becomes Canada's first woman federal Cabinet minister.

1957

Northrop Frye publie en 1957 Anatomie de la critique *qui exerce une grande influence internationale sur la théorie de la critique moderne.*

Le Conseil des arts du Canada est créé.

L'écologiste Pierre Dansereau atteint une renommée internationale avec le parution de son ouvrage La biogéographie — Une perspective écologique.

John Diefenbaker devient le treizième premier ministre du Canada.

Les patineurs Barbara Wagner et Robert Paul dominent les championnats mondiaux de patinage en duo.

Lester B. Pearson est le premier Canadien à recevoir le prix Nobel de la paix.

H. Harrison McCain fonde l'usine familiale de traitement de pommes de terre McCain Foods Ltd.

Ellen Fairclough devient la première femme nommée ministre au gouvernement fédéral.

5

6

7

8

❖ Les Grands Ballets Canadiens makes its debut under the direction of Ludmilla Chiriaeff in 1958.

❖ Architect R. S. Morris achieves international recognition when he is awarded the Royal Gold Medal for Architecture.

❖ Aviator Janusz Zurakowski, the first Canadian pilot to break the sound barrier, wins the McKee Trophy.

❖ Charlie Sivuarapilk, the first Inuk member of the Sculptors Society of Canada, becomes first president of the Povungnituk Co-operative Society.

❖ Finnish architect Viljo Revell wins an international architecture competition for his design of Toronto City Hall.

❖ George Gibson is the first baseball player to be elected to Canada's Sports Hall of Fame.

❖ James Gladstone becomes Canada's first aboriginal senator.

1958

❖ Les débuts des Grands Ballets canadiens se font sous la direction de Ludmilla Chiriaeff en 1958.

❖ L'architecte R.S. Morris reçoit la Médaille d'or royale d'architecture qui lui vaut une réputation internationale.

❖ L'aviateur Janusz Zurakowski, qui a été le premier pilote canadien à briser le mur du son, reçoit le trophée McKee.

❖ Le premier membre inuit de la société des sculpteurs du Canada, Charlie Sivuarapilk, devient le premier président de la Povungnituk Co-operative Society.

❖ L'architecte finlandais Viljo Revell gagne un concours international d'architecture pour sa conception de l'hôtel de ville de Toronto.

❖ George Gibson est le premier joueur de baseball élu au Temple de la renommée des sports du Canada.

❖ James Gladstone devient le premier sénateur autochtone du Canada.

New Brunswick
Nouveau-Brunswick

1

2

7
8

◈ During a 1959 hockey game, Jacques Plante is the first goalie to wear a protective mask.

◈ Mordecai Richler publishes his novel *The Apprenticeship of Duddy Kravitz*.

◈ Ernie Richardson forms the Richardson Rink, which would win four Macdonald Brier Tankards (Briers) in five years during the Dominion championship competitions.

◈ Lynn Seymour becomes a principal dancer with the Royal Ballet.

◈ Soprano Teresa Stratas is co-winner of the Metropolitan Opera Auditions.

◈ Lorne Green plays Ben Cartwright in the popular television series *Bonanza*.

◈ Queen Elizabeth II inaugurates the St. Lawrence Seaway.

1959

◈ *Jacques Plante est le premier gardien de but à porter un masque lors d'une partie de hockey en 1959.*

◈ *Mordecai Richler publie son roman* L'apprentissage de Duddy Kravitz.

◈ *Ernie Richardson met sur pied le quatuor de Stoughton qui remporte, quatre fois en cinq ans, le trophée MacDonald Brier Tankard, gagnant du curling du Dominion.*

◈ *Lynn Seymour devient une danseuse étoile du Royal Ballet.*

◈ *La soprano Teresa Stratas remporte le prix ex æquo des auditions du Metropolitan Opera.*

◈ *Lorne Green tient le rôle de Ben Cartwright dans la populaire émission télévisée* Bonanza.

◈ *La reine Élizabeth II inaugure la voie maritime du Saint-Laurent.*

9

10

11

12

13

14

15

16

17

19

- In 1960, the Royal Canadian Navy adopts the hymn *Arms that Have Sheltered Us*, written by composer and conductor Gena Branscombe.

- Canada's first major film festival is held in Montréal.

- Bass Joseph Rouleau sings with Joan Sutherland in Bellini's *The Sleepwalker*.

- Paul Toupin's *Souvenirs pour demain* wins the prize for best foreign publication in French from the Académie française.

- The Montréal Canadiens win their fifth consecutive Stanley Cup.

- Skier Anne Heggtveit wins Canada's first gold medal in the slalom at the Squaw Valley Olympics in the United States as well as the world slalom and alpine combined titles.

- Golfer Stan Leonard wins the Tournament of Champions.

- The Canadian Wildlife Federation is founded in 1961.

1960-1961

- *L'hymne* Arms that Have Sheltered Us *de la compositrice et chef d'orchestre Gena Branscombe est adopté par la Marine royale canadienne en 1960.*

- *Le premier festival cinématographique d'importance au Canada se tient à Montréal.*

- *La basse Joseph Rouleau chante aux côtés de Joan Sutherland dans* La Sonnambula *de Bellini.*

- *Paul Toupin remporte le prix de l'Académie française pour la meilleure publication étrangère en langue française,* Souvenirs pour demain.

- *Les Canadiens de Montréal remportent leur cinquième coupe Stanley consécutive.*

- *La skieuse Anne Heggtveit remporte la première médaille d'or en slalom aux Jeux olympiques de Squaw Valley (États-Unis) et le championnat mondial en combiné (alpin et en slalom).*

- *Le golfeur Stan Leonard remporte le tournoi des champions.*

- *La Fédération canadienne de la faune est fondée en 1961.*

◈ Jean-Paul Riopelle, Canada's most internationally acclaimed painter, wins the UNESCO Award at the Venice Biennale in 1962.

◈ The 7821-km Trans-Canada Highway is officially opened at Rogers Pass.

◈ Anatomist and geneticist Murray Llewellyn Barr receives the Joseph P. Kennedy Jr. Foundation Award from United States President John F. Kennedy for his work in mental retardation.

◈ The Canadian Football Hall of Fame is founded.

◈ Brian Doherty institutes the Shaw Festival at Niagara-on-the-Lake.

1962

◈ *Le peintre canadien le plus réputé sur le plan international, Jean-Paul Riopelle, obtient le prix de l'Unesco à la Biennale de Venise en 1962.*

◈ *L'ouverture officielle de la route transcanadienne, longue de 7 821 kilomètres, se fait au col Rogers.*

◈ *L'anatomiste et généticien Murray Llewellyn Barr reçoit du président américain John F. Kennedy le prix de la Fondation Joseph P. Kennedy Jr. pour souligner ses travaux en arriération mentale.*

◈ *Le Temple de la renommée du football canadien est fondé.*

◈ *Brian Doherty crée le Festival Shaw à Niagara-on-the-Lake.*

25

26

29

30

31

Three
Trois

1 Moraine Lake, Alberta

2 Antelopes near Maple Creek, Saskatchewan

3 Québec Bridge, Québec

4 Near Eriksdale, Manitoba

5 Fort Simpson, Northwest Territories

1 *Lac Moraine, Alberta*

2 *Antilopes vers Maple Creek, Saskatchewan*

3 *Pont de Québec, Québec*

4 *Vers Eriksdale, Manitoba*

5 *Fort Simpson, Territoires du Nord-Ouest*

6   St. Paul's United Church, Fredericton, New Brunswick

7   Saint-François Church, Île d'Orléans, Québec

8   Stained-glass windows, Trinity Church,
    Newfoundland

9   Flags of New Brunswick, Canada and Acadia,
    New Brunswick

10 Judy, Heather and Sophia Baer, McBride,
    British Columbia

11 Flowers, Alberta

6   *Église Unie St. Paul, Fredericton, Nouveau-Brunswick*

7   *Église de Saint-François, île d'Orléans, Québec*

8   *Vitraux de l'église Trinity, Terre-Neuve*

9   *Drapeaux du Nouveau-Brunswick, du Canada
    et de l'Acadie, Nouveau-Brunswick*

10 *Judy, Heather et Sophia Baer de McBride,
    Colombie-Britannique*

11 *Fleurs, Alberta*

- Gary Buck's recording *Happy to be Unhappy* becomes an international hit in 1963.

- Arthur Erickson wins first prize for his plans for San Francisco University and would later attract international attention for the Canadian Pavilion at the Osaka world fair (1970) and for Roy Thomson Hall in Toronto (1982).

- Lester Bowles Pearson becomes Canada's fourteenth Prime Minister.

- Actor Jay Silverheels (Harry Smith), who immortalized the role of Tonto in the *Lone Ranger* films, founds the Indian Actors Workshop in Hollywood.

- Figure skater Donald McPherson becomes the first Canadian to win the Canadian, North American and world championships in the same year.

- In 1964, Northern Dancer is the first Canadian-bred horse to win the Kentucky Derby.

- John and Vic Emery along with Doug Anakin and Peter Kirby provide Canada with a gold medal in bobsledding at the Innsbruck Olympics.

- The Juno Awards, which honour various categories of recording artists, are presented for the first time.

1963-1964

- *L'enregistrement* Happy to be Unhappy *de Gary Buck remporte un succès international en 1963.*

- *Arthur Erickson remporte un premier prix pour les plans de l'université de San Francisco et atteindra une renommée internationale avec la réalisation du pavillon canadien à l'Expo d'Osaka, en 1970 et du Roy Thomson Hall de Toronto, en 1982.*

- *Lester Bowles Pearson devient le quatorzième premier ministre du Canada.*

- *L'acteur Jay Silverheels (Harry Smith), qui a immortalisé le personnage de Tonto dans les films de* Lone Ranger *fonde, à Hollywood, l'Indian Actors Workshop.*

- *Le patineur artistique Donald McPherson devient le premier Canadien à remporter la même année les championnats canadien, nord-américain et mondial.*

- *Le cheval Northern Dancer est le premier cheval canadien à gagner le derby du Kentucky en 1964.*

- *John et Vic Emery ainsi que Doug Anakin et Peter Kirby assurent au Canada une médaille d'or aux Jeux olympiques d'Innsbruck en bobsleigh.*

- *Les prix Juno, récompensant diverses catégories d'artistes du disque, sont offerts pour la première fois.*

12

13

12	Dall sheep, Alaska Highway, British Columbia	*12*	*Mouflons de Dall, Alaska Highway, Colombie-Britannique*
13	Swallows, Winnipeg, Manitoba	*13*	*Hirondelles, Winnipeg, Manitoba*
14	Charlottetown, Prince Edward Island	*14*	*Charlottetown, Île-du-Prince-Édouard*
15	Mackenzie King Garden, Gatineau Park, Québec	*15*	*Jardin Mackenzie King, parc Gatineau, Québec*

14

15

Winnipeg
Winnipeg

1

2

1	Women's Monument	1	*Monument des femmes*
2	Square	2	*Carrefour*
3	Downtown	3	*Centre-ville*

4

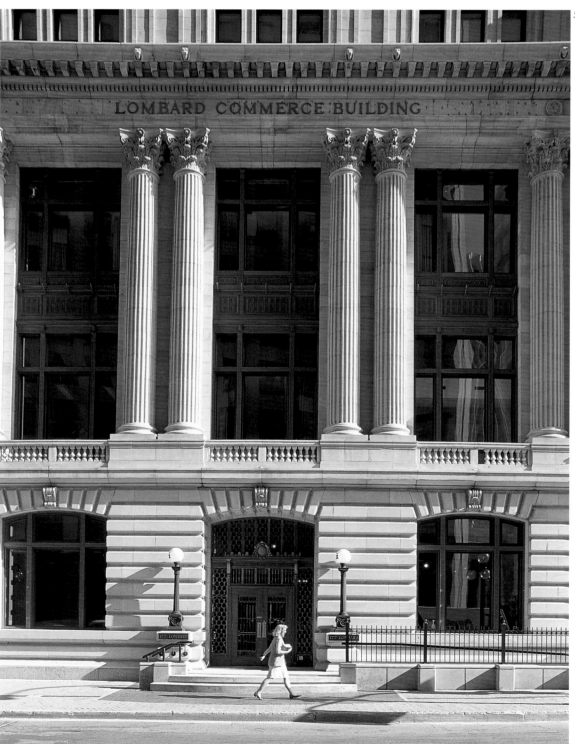

5

❖ Christopher Plummer, great grandson of Canada's first Prime Minister, Sir John Abbott, plays the leading male role in the movie *The Sound of Music* in 1965.

❖ George Reed, who set 44 Canadian Football League Records, wins the Schenley Award.

❖ Author Marie-Claire Blais writes *Une saison dans la vie d'Emmanuel*, for which she would win the Prix France-Québec and the prestigious Prix Médicis.

❖ Figure skater Petra Burka wins the Canadian, North American and world figure-skating championships.

❖ The red and white flag featuring a stylized maple leaf is proclaimed Canada's national flag on February 15, 1965.

❖ The "three wise men", Pierre Elliott Trudeau, Jean Marchand and Gérard Pelletier, join the federal Liberal Party.

❖ Development of the Columbia River begins in 1965.

1965

❖ *Christopher Plummer, arrière-petit-fils du premier ministre du Canada, sir John Abbott, tient le premier rôle masculin dans le film* La mélodie du bonheur *en 1965.*

❖ *George Reed, qui a battu 44 records de la Ligue canadienne de football, gagne le trophée Schenley .*

❖ *L'écrivaine Marie-Claire Blais écrit* Une saison dans la vie d'Emmanuel *qui lui donnera le prix France-Québec et le prestigieux prix Médicis.*

❖ *La patineuse Petra Burka remporte les championnats canadien, nord-américain et mondial de patinage artistique.*

❖ *Le drapeau rouge et blanc représentant une feuille d'érable stylisée, l'unifolié, est proclamé drapeau national du Canada le 15 février 1965.*

❖ *Les "trois colombes", Pierre Elliott Trudeau, Jean Marchand et Gérard Pelletier, adhèrent au Parti libéral du Canada.*

❖ *L'aménagement du fleuve Columbia débute en 1965.*

6

7

8

9

10

11

- In 1966, Margaret Atwood wins the Governor General's Award for her collection of poems *The Circle Game*.

- On December 31, 1966, Lester B. Pearson lights the Centennial Flame on Parliament Hill.

- The Public Archives of Canada is created.

- The National Historic Sites Service is founded.

- Theodore Lionel Sourkes receives the senior award of the Parkinson's Disease Foundation.

- Ronald Charles Northcott wins the Canadian and world curling championships with the Brier team in 1966 and would do so again in 1968 and 1969.

- The Montréal Métro is inaugurated.

1966

- *En 1966, Margaret Atwood mérite le prix du Gouverneur général pour son recueil de poésie* The Circle Game.

- *Le 31 décembre 1966, sur la Colline parlementaire, Lester B. Pearson allume la flamme du Centenaire du Canada.*

- *Les Archives publiques du Canada sont créées.*

- *Le Service des lieux historiques nationaux est fondé.*

- *Theodore Lionel Sourkes reçoit le prix d'excellence de la Fondation de la maladie de Parkinson.*

- *Ronald Charles Northcott remporte avec l'équipe Brier les championnats canadien et mondial de curling et répétera l'exploit en 1968 et 1969.*

- *Le métro de Montréal est inauguré.*

12

13

9   Garry Hotel

10   Royal Canadian Mint Building

11   Winnipeg Chinese Cultural & Community Centre

12-13 Districts in Winnipeg

9   *Hôtel Garry*

10   *Édifice de la monnaie canadienne*

11   *Centre culturel et communautaire chinois*

12-13 *Quartiers de Winnipeg*

Fleeting
Éphémère

1	Sunset, Ontario		1	Coucher de soleil, Ontario
2	Barrie, Ontario		2	Barrie, Ontario
3-4	Fall colours, Québec		3-4	Couleurs d'automne, Québec

❖ Painter Alexander Colville designs the Centennial coins in 1967.

❖ Montréal hosts a world fair (Expo '67) from April 28 to October 27, 1967.

❖ Bobby Orr begins his career as a hockey player with the Boston Bruins and revolutionizes the role of defenceman.

❖ The Order of Canada is instituted to honour Canadians for exemplary merit and achievement.

❖ Nancy Green wins the World Cup in downhill skiing and would get an Olympic gold medal in the giant slalom the following year.

❖ Winnipeg hosts the Pan-American Games.

❖ Screenwriter Norman Jewison wins an Academy Award for best picture with his film *In the Heat of the Night*.

❖ The Canadian government adopts *O Canada!* as the country's national anthem.

❖ The National Library opens in Ottawa.

1967

❖ *Le peintre Alexander Colville conçoit l'effigie des pièces de monnaie du Centenaire en 1967.*

❖ *Une exposition universelle (Expo 67) a lieu à Montréal du 28 avril au 27 octobre 1967.*

❖ *Bobby Orr entreprend sa carrière de hockeyeur avec les Bruins de Boston et donne une nouvelle dimension au rôle de défenseur.*

❖ *L'Ordre du Canada est institué afin de décerner distinctions et récompenses à des Canadiens.*

❖ *Nancy Green gagne la coupe du monde de ski alpin et remportera une médaille d'or olympique au slalom géant l'année suivante.*

❖ *Winnipeg est l'hôte des Jeux panaméricains.*

❖ *Le scénariste Norman Jewison remporte l'oscar du meilleur film pour* Dans la chaleur de la nuit.

❖ *Le gouvernement canadien adopte le* Ô Canada *comme hymne national.*

❖ *La Bibliothèque nationale à Ottawa ouvre ses portes.*

8

Northwest Territories
Territoires du Nord-Ouest

1

2

3

4

5

6

7

8

9

- Pierre Elliott Trudeau becomes Canada's fifteenth Prime Minister.

- Mario Bernardi becomes the first conductor of the National Arts Centre Orchestra in Ottawa.

- A team led by Dr. Pierre Grondin performs the first heart transplant in Canada at the Montréal Heart Institute.

- James Day, James Elder and Thomas Gayford win the Grand Prix des Nations in jumping at the Mexico City Olympics.

- British author Arthur Hailey, who had been living in Canada since 1947, writes the book *Airport*, on which he would base the script for the movie by the same name two years later.

- Indian-born scientist Har Gobind Khorana wins the Nobel Prize for medicine.

1968

- *Pierre Elliott Trudeau devient le quinzième premier ministre du Canada.*

- *Mario Bernardi devient le premier chef d'orchestre du Centre national des arts d'Ottawa.*

- *L'équipe du docteur Pierre Grondin réalise à l'Institut de cardiologie de Montréal la première greffe cardiaque au Canada.*

- *James Day, James Elder et Thomas Gayford terminent au premier rang du Grand prix des nations en équitation aux Jeux olympiques de Mexico.*

- *L'écrivain anglais Arthur Hailey, installé au Canada depuis 1947, écrit le roman Airport dont il tirera le scénario du film du même nom deux ans plus tard.*

- *L'homme de science d'origine indienne, Har Gobind Khorana, est lauréat du prix Nobel de médecine.*

10

13
14

11	Lady Evelyn Falls	11	Chutes Lady Evelyn
12	Hay River	12	Hay River
13	Near Yellowknife	13	Près de Yellowknife
14	Flowers in Inuvik	14	Fleurs à Inuvik

❖ The Montréal Expos enter major league baseball in 1969.

❖ On August 19, 1969, Claude Raymond becomes the first Canadian to wear the Montréal Expos uniform.

❖ Actress Geneviève Bujold plays the leading female role in the movie *Anne of a Thousand Days*.

❖ The National Arts Centre, designed by Fred Lebensold, opens.

❖ Réjane L. Colas is the first woman in Canada to be named judge of the Superior Court.

❖ Singer Joni Mitchell wins a Grammy Award for her album *Clouds*.

1969

❖ *Les Expos de Montréal font leur entrée dans le baseball majeur en 1969.*

❖ *Claude Raymond devient le premier Canadien à porter l'uniforme des Expos de Montréal le 19 août 1969.*

❖ *La comédienne Geneviève Bujold tient le premier rôle féminin dans le film* Anne of a Thousand Days.

❖ *Le Centre national des arts, conçu par Fred Lebensold, ouvre ses portes.*

❖ *Réjane L. Colas est la première femme au Canada nommée juge d'une Cour supérieure.*

❖ *La chanteuse Joni Mitchell remporte un grammy pour son album* Clouds.

17

18

19

❖ James R. Cross is kidnapped on October 5, 1970 during the October Crisis in Québec.

❖ The Hudson's Bay Company sets up its headquarters in Winnipeg.

❖ Film-maker Donald Shebib makes *Goin' Down the Road*, a major film in English Canada.

❖ The environmental organization Greenpeace is founded in Vancouver.

❖ Singer-songwriter Gordon Lightfoot becomes Canada's most popular singer in the 1970s.

1970

❖ *James R. Cross est enlevé le 5 octobre 1970 lors des événements d'Octobre au Québec.*

❖ *Le siège social de la Compagnie de la Baie d'Hudson s'installe à Winnipeg.*

❖ *Le cinéaste Donald Shebib réalise* Goin' Down the Road, *film important du Canada anglais.*

❖ *L'organisation environnementale Greenpeace est fondée à Vancouver.*

❖ *L'auteur-compositeur-interprète Gordon Lightfoot devient le chanteur le plus populaire du Canada au cours des années 1970.*

22

23

20	Fort Simpson	20	*Fort Simpson*
21	Tourist Information Centre, Inuvik	21	*Centre d'information touristique, Inuvik*
22	Beaufort Sea	22	*Mer de Beaufort*
23	Roses	23	*Roses*

Abundance
Abondance

1

2

3

4

1	Chaudière Falls, Québec		1	*Chutes de la Chaudière, Québec*
2	Athabaska Falls, Alberta		2	*Chutes Athabaska, Alberta*
3	Oatfield near Port Elgin, Ontario		3	*Champ d'avoine près de Port Elgin, Ontario*
4	Wheatfield, Manitoba		4	*Champ de blé, Manitoba*

- ❖ After winning two Governor General's Awards for *Cocksure* and *Hunting Tigers Under Glass* in 1968, Mordecai Richler wins an other award for *St. Urbain's Horseman* in 1971.

- ❖ The Gwen Pharis Ringwood Civic Theatre in Williams Lake is named for distinguished playwright Gwendolyn Ringwood, née Pharis.

- ❖ Colonel O. B. Philip, base commander at Canadian Forces Base Moose Jaw, forms the Snowbirds.

- ❖ The Canadian Nature Federation is created.

- ❖ Physicist Gerhard Herzberg wins the Nobel Prize for chemistry.

- ❖ Ontario pitcher Ferguson Jenkins wins the Cy Young Award for best major league pitcher.

- ❖ Film-maker Claude Jutras directs *Mon oncle Antoine*.

1971

- ❖ *Après avoir obtenu deux prix du Gouverneur général pour* Cocksure *et* Hunting Tigers Under Glass *en 1968, Mordecai Richler gagne une autre fois le prix pour* St. Urbain's Horseman *en 1971.*

- ❖ *Le Gwen Pharis Ringwood Civic Theatre de Williams Lake est nommé en l'honneur de la grande dramaturge Gwendolyn Ringwood née Pharis.*

- ❖ *Le colonel O.B. Philip, commandant de la base de Moose Jaw, forme les Snowbirds.*

- ❖ *La Fédération canadienne de la nature est créée.*

- ❖ *Le physicien Gerhard Herzberg remporte le prix Nobel de la chimie.*

- ❖ *Le lanceur ontarien Ferguson Jenkins remporte le trophée Cy Young remis au meilleur lanceur du baseball majeur.*

- ❖ *Le cinéaste Claude Jutras réalise* Mon oncle Antoine.

8

9

10

5   Cory and Dasandra Werner, Niagara, Ontario

6   Saint John Market, New Brunswick

7   Crabs in Shippagan, New Brunswick

8   Vineyard, Niagara-on-the-Lake, Ontario

9   Spirea, Mactaquac, New Brunswick

10   Denise Pelletier, Kamouraska, Québec

5   *Cory and Dasandra Werner, Niagara, Ontario*

6   *Marché à Saint-Jean, Nouveau-Brunswick*

7   *Crabes à Shippagan, Nouveau-Brunswick*

8   *Vignoble à Niagara-on-the-Lake, Ontario*

9   *Spirée, Mactaquac, Nouveau-Brunswick*

10   *Denise Pelletier, Kamouraska, Québec*

Charlottetown
Charlottetown

3

4

1 Arts Centre

2 Harbour

3 Confederation Room

4 Parliament

1 *Centre des arts*

2 *Port*

3 *Salle de la Confédération*

4 *Parlement*

5

6

7

8

9

10

- Auyuittuq National Park, Canada's first national park north of the Arctic Circle, is created on the Cumberland Peninsula of Baffin Island in 1972.

- Rudolf Nureyev stages his spectacular version of *Sleeping Beauty* for the National Ballet of Canada.

- Monique Bégin becomes the first Québec woman to be elected to the House of Commons.

- Frank Arthur Calder becomes the first aboriginal Canadian Cabinet minister.

- A goal by Paul Henderson, 34 seconds before the end of the seventh and final game of the 1972 Canada-Soviet Hockey Series, allows Canada to win the series.

- Peter Pitseolak, who immortalized traditional Inuit life through his photographs and writings, dies in 1973.

- Frank Augustyn and Karen Kain win the prize for the best *pas-de-deux* at the Moscow International Ballet Competition.

- Ridden by Canadian jockey Ron Turcotte, Secretariat is the first Triple Crown winner in American horse-racing in 25 years.

- The Heritage Canada Foundation is created to preserve and develop the historical, architectural, natural and scenic heritage of Canada.

1972-1973

- *Le Parc national d'Auyuittuq, premier parc national situé au-delà du cercle polaire dans la péninsule Cumberland de l'île de Baffin, est créé en 1972.*

- *Rudolf Nureyev met en scène sa spectaculaire version de* La belle au bois dormant *pour le Ballet national du Canada.*

- *Monique Bégin devient la première Québécoise élue à la Chambre des communes.*

- *Frank Arthur Calder devient le premier autochtone nommé au Cabinet des ministres canadien.*

- *Un but de Paul Henderson, 34 secondes avant la fin du septième et dernier match, permet au Canada de remporter le tournoi de hockey Canada-URSS en 1972.*

- *Peter Pitseolak, qui a immortalisé la vie traditionnelle inuit grâce à ses photographies et à ses écrits, meurt en 1973.*

- *Frank Augustyn et Karen Kain remportent le prix du meilleur pas-de-deux au Concours international de ballet de Moscou.*

- *Mené par le jockey canadien Ron Turcotte, Secrétariat est le premier vainqueur de la Triple Couronne du turf américain en 25 ans.*

- *Héritage Canada est fondé dans le but de conserver et mettre en valeur les richesses historiques, architecturales, naturelles et panoramiques de la nation.*

11

12

13

Looking
Regard

1   Green frog, Ontario

2   Moose, Nova Scotia

3   Dall sheep, British Columbia

4   Young deer, Atlin, British Columbia

1   *Grenouille verte, Ontario*

2   *Orignal, Nouvelle-Écosse*

3   *Mouflon de Dall, Colombie-Britannique*

4   *Jeune cerf, Atlin, Colombie-Britannique*

5

6

7

8

- On September 12, 1974, Louise-Marguerite-Renaude Lapointe becomes the first French Canadian woman to be appointed speaker of the Senate.

- Pauline Emily McGibbon, née Mills, is appointed Lieutenant-Governor of Ontario, becoming the first woman to hold this position in Canada.

- William Ricker, one of Canada's foremost fishery scientists, publishes his most important work *Computation and Interpretation of Biological Statistics of Fish Populations* in 1975.

- Hagood Hardy's Salada Tea jingle *The Homecoming* is an international hit.

- The beaver becomes Canada's official emblem.

- Grace Hartman becomes the first woman to be elected president of a Canadian union.

1974-1975

- *Louise-Marguerite-Renaude Lapointe devient la première Canadienne française à être nommée présidente du Sénat, le 12 septembre 1974.*

- *Pauline Emily McGibbon, née Mills, est nommée lieutenant-gouverneur de l'Ontario et devient ainsi la première femme à occuper un tel poste au Canada.*

- *William Ricker, l'un des plus grands halieutistes du Canada, publie son principal ouvrage* Calcul et interprétation des statistiques biologiques des populations de poissons *en 1975.*

- *Hagood Hardy remporte un succès international avec l'air composé pour annoncer le thé Salada,* The Homecoming.

- *Le castor devient l'emblème officiel du Canada.*

- *Grace Hartman devient la première femme à accéder à la présidence d'un syndicat au Canada.*

9

10

11

12

13

Saskatchewan

Saskatchewan

1

2

3

4

5

6

7

❖ In 1976, Quebecker Luc Plamondon composes the rock opera *Starmania* with Frenchman Michel Berger.

❖ Speed skater Sylvia Burka wins the world championship in the 1000-m event.

❖ Jerome Drayton wins the Fukuoka Marathon in Japan for the third time.

❖ Frank Radford Crawley's film, *The Man Who Skied Down Everest*, wins the Academy Award for feature-length documentary.

❖ Actor Donald Sutherland plays in Bertolucci's *1900* and gets the title role in Fellini's *Casanova*.

❖ Construction work is completed on Toronto's CN Tower which, with its telecommunications antenna mast, is 553 m high.

❖ Kathy Kreiner wins Canada's only gold medal at the Innsbruck Olympics in the giant slalom.

❖ The XXIst Olympic Games open in Montréal on July 17, 1976.

1976

❖ En 1976, le Québécois Luc Plamondon compose avec le Français Michel Berger l'opéra rock Starmania.

❖ Sylvia Burka, patineuse de vitesse, remporte le championnat du monde aux 1 000 mètres.

❖ Jerome Drayton remporte pour la troisième fois le marathon de Fukuoka au Japon.

❖ Le film de Frank Radford Crawley, The Man Who Skied Down Everest, remporte un oscar dans la catégorie documentaire de long métrage.

❖ L'acteur Donald Sutherland joue dans 1900 de Bertolucci et tient le rôle titre du Casanova de Fellini.

❖ La construction de la tour du CN à Toronto avec son aiguille de 553 mètres servant aux télécommunications est terminée.

❖ Kathy Kreiner remporte l'unique médaille d'or du Canada aux Jeux olympiques d'Innsbruck en slalom géant.

❖ Les XXIe Jeux olympiques s'ouvrent à Montréal le 17 juillet 1976.

10

13

14

15

16
17

- Jean-Luc Pepin and John Robarts co-chair the Task Force on Canadian Unity in 1977.

- The Toronto Blue Jays enter major league baseball in 1977.

- The Canadian Human Rights Commission is established.

- Andy Russell receives the Crandall Award for Conservation for his environmental protection efforts.

- Fernand Séguin is the first Canadian to receive UNESCO's Kalinga Award, the highest award for scientific popularization.

- Charles Dutoit is appointed artistic director of the Montréal Symphony Orchestra.

- Jacobus Hoedeman wins an Academy Award for his animated film *Le château de sable*.

- The crown corporation Via Rail Canada Ltd. is created.

- Monique Mercure wins the best actress award at Cannes for her role in Jean Beaudin's film, *J.A. Martin, photographe*.

1977

- *Jean-Luc Pepin et John Robarts coprésident la Commission de l'unité canadienne en 1977.*

- *Les Blue Jays de Toronto font leur entrée dans le baseball majeur en 1977.*

- *La Commission canadienne des droits de la personne est créée.*

- *Andy Russell reçoit le prix Crandall pour sa défense de l'environnement.*

- *Fernand Séguin est le premier Canadien à recevoir le prix Kalinga, la plus haute distinction pour la vulgarisation scientifique.*

- *Charles Dutoit est nommé directeur artistique de l'Orchestre symphonique de Montréal.*

- *Jacobus Hoedeman remporte un oscar pour son film d'animation* Le château de sable.

- *La société d'État Via Rail Canada est créée.*

- *Monique Mercure remporte le grand prix d'interprétation féminine de Cannes pour son rôle dans le film de Jean Beaudin,* J.A. Martin, photographe.

18

19

20

21

Red
Rouge

1   Strawberries, Québec

2   Wild fruit, St. Anthony, Newfoundland

3   Yarmouth, Nova Scotia

4   Kimberly, British Columbia

5   Apples, British Columbia

1   Fraises, Québec

2   Fruits sauvages, St. Anthony, Terre-Neuve

3   Yarmouth, Nouvelle-Écosse

4   Kimberly, Colombie-Britannique

5   Pommes, Colombie-Britannique

6

7

- In 1978, Robert Cliche posthumously receives the Ordre de la Pléiade, an international distinction of the French-speaking world.

- Car-racer Gilles Villeneuve wins the Grand Prix in Montréal.

- L'Anse-aux-Meadows, the only site attesting to the presence of Vikings in North America, is declared a world heritage site by UNESCO.

- *The Indian in Transition*, a large mural by aboriginal artist Daphne Odjig, is installed in the National Arts Centre in Ottawa.

- Margot Kidder plays Lois Lane in the movie *Superman*.

- The Edmonton Eskimos win the first of five consecutive Grey Cups.

1978

- *En 1978, Robert Cliche est décoré à titre posthume de l'Ordre de la Pléiade, distinction internationale de la francophonie.*

- *Le coureur automobile Gilles Villeneuve remporte le grand prix de Montréal.*

- *L'Anse-aux-Meadows, unique site attestant la présence des Vikings en Amérique du Nord, est déclarée site du patrimoine mondial par l'UNESCO.*

- The Indian in Transition, *grande murale de la peintre autochtone Daphne Odjig, prend place au Centre national des arts d'Ottawa.*

- *Margot Kidder tient le rôle de Lois Lane dans le film* Superman.

- *Les Eskimos d'Edmonton remportent la première de leurs cinq coupes Grey consécutives.*

Edmonton
Edmonton

1

2

3

1   Residential district

2   View of Edmonton

3   Monument to Ukrainians

1   *Quartier résidentiel*

2   *Vue sur Edmonton*

3   *Monuments dédié aux Ukrainiens*

4

5

460

6

7

8

9

10

- ❖ In 1979, Antonine Maillet writes *Pélagie-la-Charette* and becomes the first Canadian novelist to win the Prix Goncourt.

- ❖ Charles Joseph Clark becomes Canada's sixteenth Prime Minister.

- ❖ Professional golfer Sandra Post wins three tournaments for second place on the Ladies Professional Golf Association (LPGA) money list.

- ❖ Violinist Jean Carignan is featured with Yehudi Menuhin on the television series *The Music of Man*.

- ❖ John Herbert Chapman, architect of the Canadian space program, dies in Vancouver in 1979.

1979

- ❖ *En 1979, Antonine Maillet écrit* Pélagie-la-Charette *et devient la première romancière canadienne à remporter le prix Goncourt.*

- ❖ *Charles Joseph Clark devient le seizième premier ministre du Canada.*

- ❖ *La golfeuse professionnelle Sandra Post remporte trois victoires et se classe deuxième en bourses au circuit de la L.P.G.A.*

- ❖ *Le violoneux Jean Carignan se retrouve aux côtés de Yehudi Menuhin à l'émission de télévision* The Music of Man.

- ❖ *John Herbert Chapman, concepteur du programme spatial canadien, décède à Vancouver en 1979.*

11

12

13

Calm
Calme

3

1	Ingliss Falls, Owen Sound, Ontario		1	*Chutes Ingliss, Owen Sound, Ontario*
2	Queen Charlotte Islands, British Columbia		2	*Îles de la Reine-Charlotte, Colombie-Britannique*
3	Sainte-Foy, Québec		3	*Sainte-Foy, Québec*

4

5

6

7

8

9

10

11

12

- ❖ The concept of sovereignty-association proposed by the Parti québécois government is rejected in a referendum on May 20, 1980.

- ❖ On April 14, 1980, Jeanne Sauvé is the first woman to become speaker of the House of Commons.

- ❖ Diplomat Kenneth Taylor helps six Americans to escape from Iran.

- ❖ Ballerina Evelyn Anne Hart wins the gold medal for best woman soloist at the International Ballet Competition in Bulgaria.

- ❖ Montréal swings to the rhythm of its first jazz festival.

- ❖ Terry Fox, who begins his "Marathon of Hope" at St. John's on April 12, has to end the run in Thunder Bay on September 1, 1980, after it is discovered that he has lung cancer.

- ❖ The Canadarm is used for the first time in 1981.

- ❖ Helen Kathleen Mussallem receives the Florence Nightingale Medal, the highest award of the International Red Cross.

1980-1981

- ❖ *Le concept de souveraineté-association proposé par le gouvernement du Parti québécois est rejeté lors du référendum du 20 mai 1980.*

- ❖ *Jeanne Sauvé est la première femme à devenir président de la Chambre des communes, le 14 avril 1980.*

- ❖ *Le diplomate Kenneth Taylor permet à six Américains de se sauver de l'Iran.*

- ❖ *La ballerine Evelyn Anne Hart remporte la médaille d'or de la meilleure exécution en solo au concours de ballet en Bulgarie.*

- ❖ *Montréal vibre au son de son premier Festival de jazz.*

- ❖ *Terry Fox, qui a entrepris son "Marathon de l'espoir" à St. John's le 12 avril, doit interrompre sa course à Thunder Bay, le 1ᵉʳ septembre 1980, le cancer ayant gagné ses poumons.*

- ❖ *Le bras spatial canadien est employé pour la première fois en 1981.*

- ❖ *Helen Kathleen Mussallem reçoit la médaille Florence-Nightingale, plus haute distinction attribuée par la Croix-Rouge internationale.*

15

16

Moncton
Moncton

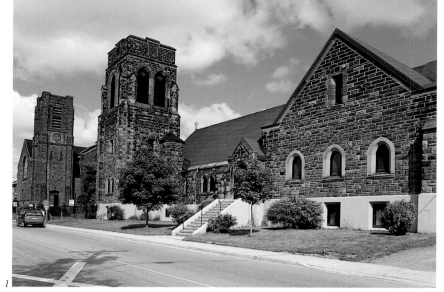

2

1

1-3   Churches

4   Baron's manor

5   District of Moncton

1-3   Églises

4   Manoir du baron

5   Quartier de Moncton

8

9

- ❖ Wilfid Pelletier, former conductor of the Metropolitan Opera of New York, first artistic director of the orchestra of the Société des concerts symphoniques de Montréal and former artistic director of the Orchestre symphonique de Québec, dies in New York on April 19, 1982.

- ❖ Steve Podborski becomes the first non-European skier to win the World Cup downhill championship title.

- ❖ Frédéric Back wins an Academy Award for his film *Crac*.

- ❖ The Canadian Charter of Rights and Freedoms comes into force in 1982.

- ❖ After winning six world-driving-championship races with Ferrari, Gilles Villeneuve dies in a qualifying race in Belgium.

- ❖ Laurie Skreslet reaches the top of Mount Everest on October 5, 1982.

- ❖ Bertha Wilson is the first woman to be appointed to the Supreme Court of Canada.

- ❖ Anne Hébert wins the Prix Fémina for *Les fous de Bassan*.

1982

- ❖ *L'ancien chef d'orchestre du Metropolitan Opera de New York et premier directeur artistique de l'Orchestre de la Société des concerts symphoniques de Montréal et ancien directeur artistique de l'Orchestre symphonique de Québec, Wilfrid Pelletier, meurt à New York le 19 avril 1982.*

- ❖ *Steve Podborski devient le premier skieur non européen à remporter le championnat de la Coupe du monde de descente.*

- ❖ *Frédéric Back reçoit un oscar pour son film* Crac.

- ❖ *La Charte canadienne des droits et libertés entre en vigueur en 1982.*

- ❖ *Gilles Villeneuve, qui avait remporté six courses avec Ferrari pour le championnat du monde de course automobile, meurt lors des qualifications en Belgique.*

- ❖ *Laurie Skreslet atteint le sommet de l'Everest le 5 octobre 1982.*

- ❖ *Bertha Wilson est le première femme à siéger à la Cour suprême du Canada.*

- ❖ *Anne Hébert remporte le prix Fémina pour* Les fous de Bassan.

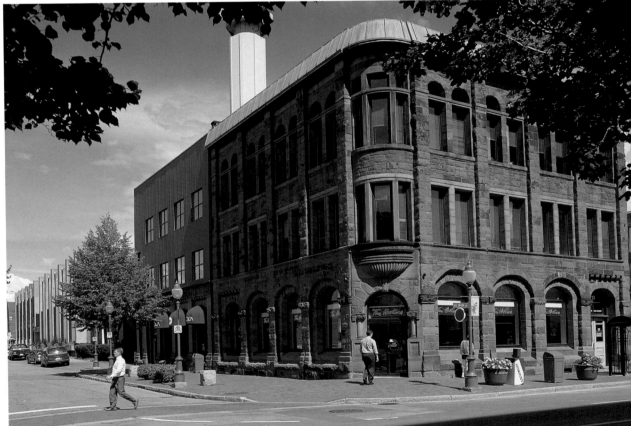

10

11

12

13

14

Corridors
Couloir

7

10

11

12

13

- Skier Todd Brooker ends the 1983 season with the number-one International Ski Federation ranking in downhill.

- Architect Douglas Joseph Cardinal designs the National Museum of Man (Canadian Museum of Civilization) in Hull.

- Painter Myfanwy Spencer Pavelic is the first Canadian-born artist to have one of her paintings, namely, a portrait of Yehudi Menuhin, become part of the British National Portrait Gallery's permanent collection.

- Jeanne Sauvé is the first woman in Canada to be appointed governor general.

1983

- *Le skieur Todd Brooker termine au premier rang du classement de la Fédération internationale de ski en descente en 1983.*

- *L'architecte Douglas Joseph Cardinal conçoit le Musée national de l'homme de Hull (Musée canadien des civilisations).*

- *La peintre Myfanwy Spencer Pavelic est la première peintre native du Canada à voir un de ses tableaux, celui représentant Yehudi Menuhin, faire partie de la collection permanente de la British National Portrait Gallery.*

- *Jeanne Sauvé est la première femme nommée gouverneure générale du Canada.*

14

1984

15

16

17
18

19

20

19 Hautes-Gorges-de-la-Rivière-Malbaie Regional Park,
Charlevoix, Québec

20 Oxtongue Lake, Ontario

21 Far North, Québec

22 Nesmith Glacier, Henriette, Nunavut

*19 Parc régional des Hautes Gorges-de-la Rivière-Malbaie,
Charlevoix, Québec*

20 Oxtongue Lake, Ontario

21 Extrême-Nord du Québec

22 Glacier Nesmith, Henriette, Nunavut

Toronto
Toronto

1   District in Toronto

2-3 Downtown

1   *Quartier de Toronto*

2-3 *Centre-ville*

In 1895, Québec City becomes the first North American city to be named a UNESCO world heritage site.

Plays written by Michel Tremblay are performed worldwide.

In 1986, John C. Polanyi receives, along with two Americans, the Nobel Prize for chemistry.

Film-maker Denys Arcand makes *The Decline of the American Empire*.

Boxer Lennox Lewis, swimmer Carolyn Waldo and the synchronized swimming team win gold medals at the Seoul Olympics in 1988.

Calgary hosts the 1988 Olympic Winter Games.

The Lake Meech Agreement fails in 1990.

1985-1990

Québec devient la première ville d'Amérique du Nord classée "Joyau du patrimoine mondial" par l'Unesco en 1985.

Les pièces de théâtre écrites par Michel Tremblay sont jouées partout dans le monde.

John C. Polanyi reçoit avec deux Américains le prix Nobel de chimie en 1986.

Le cinéaste Denys Arcand réalise Le déclin de l'empire américain.

Le boxeur Lennox Lewis, la nageuse Carolyn Waldo et l'équipe de nage synchronisée remportent des médailles d'or aux Jeux olympiques de Séoul en 1988.

La ville de Calgary est l'hôtesse des Jeux olympiques d'hiver de 1988.

L'Accord du lac Meech devient un échec en 1990.

7

8

❖ Roberta Bondar is the first Canadian woman astronaut to travel in space.

❖ Canada wins six gold medals at the Barcelona Olympics in 1992.

❖ Skier Kerrin Lee-Gartner and the skating relay team win gold medals at the Albertville 1992 Olympic Winter Games.

❖ Michel Ondaatje wins the prestigious Booker Prize for his novel *The English Patient* in 1993.

❖ In 1993, Kim Campbell becomes Canada's nineteenth Prime Minister and the first woman in the country to hold this position.

❖ Jean Chrétien becomes Canada's twentieth Prime Minister in 1993.

❖ The Toronto Blue Jays win the World Series.

❖ Myriam Bédard wins two gold medals in the triathlon and Jean-Luc Brassard one gold medal in hot-dog skiing at the Lillehammer Olympics in 1994.

1991 - 1994

❖ *Roberta Bondar est la première astronaute canadienne à s'envoler dans l'espace.*

❖ *Le Canada remporte six médailles d'or aux Jeux olympiques de Barcelone en 1992.*

❖ *La skieuse Kerrin Lee-Gartner et l'équipe de relais en patinage remportent des médailles d'or aux Jeux olympiques d'hiver d'Albertville en 1992.*

❖ *Michel Ondaatje obtient le prestigieux prix londonien Booker Prize pour le roman* The English Patient *(L'homme flambé) en 1993.*

❖ *Kim Campbell devient le dix-neuvième premier ministre du Canada en 1993 et la première femme à occuper ce poste au pays.*

❖ *Jean Chrétien devient le vingtième premier ministre du Canada en 1993.*

❖ *Les Blue Jays de Toronto remportent les Séries mondiales de baseball.*

❖ *Myriam Bédard remporte deux médailles d'or en triathlon et Jean-Luc Brassard une autre médaille d'or en ski acrobatique aux Jeux olympiques de Lillehammer en 1994.*

11

12

13

14

15

13-15 Downtown

16   City Hall

13-15 Centre-ville

16   Hôtel de ville

Colours
Couleurs

1

2

3

1   Lac-à-la-Croix, Lac-Saint-Jean, Québec

2   Prince Edward Island

3   Moraine Lake, Alberta

1   *Lac-à-la-Croix, Lac-Saint-Jean, Québec*

2   *Île-du-Prince-Édouard*

3   *Lac Moraine, Alberta*

4

5

6

7

8

- In 1995, Quebeckers reject sovereignty for the second time through a referendum.

- Sing-songwriter Bryan Adams makes a number of hit records.

- Donovan Bailey (100 m), Marnie McBean and Kathleen Heddle and the men's relay team (4 x 100 m) win gold medals at the Atlanta Olympics in 1996.

- Larry Walker is named outstanding major league baseball player in 1997.

- Jacques Villeneuve wins the last race of the 1997 season and becomes World Driving Champion.

- Confederation Bridge, linking Prince Edward Island to the mainland, is inaugurated in 1997.

- Pitcher Pedro Martinez of the Montréal Expos wins the Cy Young Award for best pitcher in 1997.

1995 - 1997

- *Pour la seconde fois, les Québécois rejettent par voie de référendum la souveraineté en 1995.*

- *L'auteur-compositeur-interprète Bryan Adams réalise de nombreux succès.*

- *Donovan Bailey (100 mètres), Marnie McBean et Kathleen Heddle ainsi que l'équipe masculine de relais quatre fois 100 mètres remportent des médailles d'or aux Jeux olympiques d'Atlanta en 1996.*

- *Larry Walker est choisi le joueur par excellence dans le baseball majeur en 1997.*

- *Jacques Villeneuve remporte le dernier prix de la saison 1997 et devient champion du monde de course en automobile.*

- *Le pont de la Confédération reliant l'Île-du-Prince-Édouard au continent est inauguré en 1997.*

- *Le lanceur Pedro Martinez des Expos de Montréal gagne le trophée Cy Young remis au meilleur lanceur en 1997.*

9

10

11

12

13

14

- ❖ Canada wins six gold medals at the Nagano Olympics in 1998.

- ❖ Singer Céline Dion achieves international acclaim.

- ❖ Film-maker Norman Jewison is honoured for his work at the 1999 Academy Awards.

- ❖ Nunavut becomes a self-governing territory and joins the Canadian federation.

- ❖ Wayne Gretzky, the greatest hockey player of all time, announces his retirement.

- ❖ Winnipeg hosts the Pan-American Games for the second time.

- ❖ Julie Payette is the first Québec woman astronaut to travel in space.

1998-1999

- ❖ *Le Canada remporte six médailles d'or aux Jeux olympiques de Nagano en 1998.*

- ❖ *La chanteuse Céline Dion connaît un succès international.*

- ❖ *Le cinéaste Norman Jewison est honoré à la soirée des oscars pour l'ensemble de son œuvre en 1999.*

- ❖ *Le Nunavut devient un territoire autonome et adhère à la fédération canadienne.*

- ❖ *Wayne Gretzky, le plus grand joueur de hockey de tous les temps, annonce sa retraite.*

- ❖ *Winnipeg accueille pour la deuxième fois les Jeux panaméricains.*

- ❖ *Julie Payette est la première astronaute québécoise à s'envoler dans l'espace.*

Eugen & Gretl Kedl

Over more than twenty years, driven by boundless energy and a shared passion, Eugen Kedl and his longtime collaborator and wife, Gretl, travelled Canada from sea to sea, shooting kilometres of film in every corner of the country. The photographer's eye incessantly scanned the countryside, zeroing in on its treasures and its beauty.

Everywhere they looked, they were inspired by the wealth of forms and colours — capturing the curves of mountains and valleys, dazzled by the glistening myriad of lakes and rivers, wondering at the immensity of our forests and the vastness of our prairies, rendered dizzy by the jagged outline of skyscrapers, drawn by the noble architecture of our capital cities and moved by the humble silhouette of villages.

With consummate artistry shaped by years of experience in photo stories, numerous publications and exhibitions, Eugen and Gretl Kedl have captured unforgettable images of their adoptive homeland. As privileged witnesses to a country in which beats the heart of a population comprising many cultures, a land shaped by this diversity, they have created a work that lives up to their international reputation. In publishing their album *Canada in a Thousand Pictures*, Eugen and Gretl Kedl have seen their dream come true. This is the crowning achievement of a passion that has lasted nearly a half-century.

D'un océan à l'autre, voyageant tous azimuts, poussés par une énergie formidable et animés d'une passion non moins extraordinaire, Eugen Kedl et sa fidèle collaboratrice, son épouse Gretl, ont, pendant plus de vingt ans, sillonné le Canada, déroulant des kilomètres de pellicule sur les routes du pays. Sans cesse, l'œil du photographe a interrogé le paysage pour en révéler la richesse et la beauté. Partout les a inspirés la mouvance des formes et des couleurs — croquant au passage le modulé des vallées et des montagnes, clignant de l'œil sous le scintillement de myriades de lacs et de rivières, s'ébahissant devant l'immensité des forêts et la vastitude des plaines, étourdis par la découpure des gratte-ciel, attirés par la noble architecture des capitales, émus par l'humble silhouette des villages.

Avec un art consommé, forgé au fil du temps, des reportages, des publications et des expositions, Eugen et Gretl Kedl ont rendu inoubliable la terre où ils ont choisi de vivre. Devenus les témoins privilégiés d'un pays où palpite le cœur d'une population composite, d'un pays porté par cette diversité qui le distingue, ils ont su créer un ouvrage à la hauteur de leur renommée qui, depuis longtemps, a franchi nos frontières. En publiant de concert leur album Le Canada en mille images, « leur pays en mille images », Eugen et Gretl Kedl donnent forme à leur rêve, signent le couronnement d'une passion de près d'un demi-siècle.